L'AMOUR OUF,
JOURNAL INTIME D'UN FILM

www.editions-jclattes.fr

Éric Libiot

L'AMOUR OUF, JOURNAL INTIME D'UN FILM

JC Lattès

Maquette de couverture : © David Pairé – dpcom.fr
Photo de couverture : © Cédric Bertrand

ISBN : 978-2-7096-7272-6

Première édition : octobre 2024.

À ma mère,
le cinéma c'est grâce à elle

Préface

Je me suis toujours méfié des photos qui trahissent tout en immortalisant les souvenirs de nos vies. Ma nostalgie est si profonde que les voir me plonge souvent dans une tristesse infinie. C'est pour cela que je ne collectionne pas les clichés de tournage ni les affiches. Ou tout ce qui pourrait toucher ma carrière de près ou de loin. Je déteste encore plus les making of qui expliquent tout, détruisent nos rêves et, par la même occasion, ceux qui travaillent pour essayer d'en fabriquer. Le cinéma n'est pas une équation mathématique. C'est un hasard qui nous échappe souvent, alors pourquoi essayer de le théoriser ?

Me souvenir de mes tournages, si différents soient-ils, c'est faire confiance à des impressions, des visages un peu floutés, des rires ou des cris en échos lointains. C'est pour cela que quand Éric Libiot, donc je connais le talent, m'a proposé d'écrire un livre sur *L'Amour ouf*, comme un carnet de bord, voire le journal intime que je n'aurais pas eu l'audace d'écrire, je n'ai pas eu à feindre mon enthousiasme. Il est, et sera, le meilleur traducteur de ses souvenirs, de ses impressions, de ses visages déjà floutés et de ses échos lointains.

De ce film dont je rêve depuis si longtemps, de ces jours de labeur et de beauté. De cette déclaration d'amour.

Nos souvenirs sont donc maintenant les vôtres. Merci Éric pour cette gracieuse et généreuse invitation, et pour cette si rare joyeuse nostalgie.

Gilles Lellouche

Le jour zéro

Le camion est en retard. Des embouteillages à la sortie de la capitale. Il est pourtant tôt ce mercredi 3 mai 2023 et habituellement c'est dans le sens banlieue/Paris que ça coince à cette heure-là. Mais les aléas d'un tournage de film se cachent dans les détails. Rien ne se maîtrise entièrement malgré le travail quotidien d'une équipe qui s'escrime à éliminer les grains de sable. Pas de quoi s'inquiéter, un bouchon finit toujours par sauter. L'excitation qui règne ce jour rue de Cherelles à Nonville (Seine-et-Marne) n'est pas du tout entamée par ce souci logistique, même si le camion en retard transporte la caméra, élément plutôt essentiel du moment.

Il est 8 h 50. En attendant, les personnes déjà présentes à Nonville se rabattent sur le café et les croissants disposés sur la table de la régie à l'entrée du chenil Le Landy's Dog qui propose une « maison individuelle prolongée par un terrain gazonné et ombragé pour chaque chien ». Les chats ne sont pas en reste puisque les lieux alignent aussi de « spacieuses maisonnettes individuelles avec jardin privé ». Il n'est pourtant pas du tout question d'animaux domestiques aujourd'hui – à moins que certains considèrent ainsi les comédiens –, mais de champs de colza situés à quelques encablures. C'est là, et sur les routes attenantes, que vont être filmés quelques plans de *L'Amour ouf*, le nouveau film de Gilles Lellouche après *Le Grand Bain.* C'est le premier jour de tournage.

Le chenil sert surtout de camp de base du jour. Il faut de la place pour tenir à l'aise la quarantaine de personnes convoquées. Et, surtout, pour les faire manger. La cantine est un des lieux essentiels d'un tournage. Une mauvaise nourriture et le film a du plomb dans l'aile. Claude Chabrol l'a dit mille fois, qui choisissait ses cuisiniers avec soin. Il n'a pas tort et on le vérifiera pendant ces longues semaines. D'ailleurs, les dix tables de six personnes sont déjà installées dans le jardin du chenil et les cuistots de Canteam s'affairent à l'épluchage de légumes. La pause déjeuner est prévue à 11 heures et le « PAT », le « prêt à tourner », fixé à midi. Le menu du jour : œufs mayo, poivrons, avocat, tomates mozza, filet de bœuf, filet de lieu, ratatouille, pommes de terre, fromages, salade de fruits, tarte, île flottante. Buffet à volonté tant qu'il y en a. Mais il faut savoir mesurer son appétit. Les kilos n'attendent pas. Les comédiens font plus attention que les autres qui parfois en rajoutent dans l'assiette. Pendant l'heure de coupure déjeuner, ça se mélange beaucoup à table mais, pour des raisons d'horaires de travail, les techniciens d'une même équipe mangent souvent entre eux. Selon les jours, c'est studieux ou détendu.

Il est 9 h 10 quand Gilles Lellouche arrive. « Enfin ! J'en avais marre de rester sur une chaise, collé à un bureau. » Il est excité mais il a mal dormi. Réveil à 2 heures du matin. Un premier jour de tournage est important et on imagine aisément ce qui s'agite dans la tête d'un cinéaste qui s'apprête à prendre les commandes du train. D'autant que l'attente a été longue. À cause de la pause Covid, à cause de l'ampleur du scénario à écrire, à cause des semaines de temps mort pendant lesquelles Gilles jouait à l'acteur.

Pour être tout à fait précis, c'est le jour zéro du tournage et pas le jour 1 qui, lui, aura lieu à Lille le 9 mai et lancera les affaires pour quatre mois. Ce jour ressemble à une parenthèse dans l'agenda : parce que Gilles voulait des plans sur des champs de colza en pleine floraison, il fallait attendre le bon moment sans toutefois dépasser la date du début de tournage à Lille et Dunkerque, lieux où le colza ne pousse pas. La fenêtre de tir était donc courte, qui devait cocher trois cases obligatoires : beau temps, floraison avancée, avant le 9 mai.

La feuille de service établie chaque jour est la Bible du tournage. On y trouve tout : les emplacements pour se garer et les lieux de la mise en scène (adresse précise et coordonnées GPS), le temps qu'il va faire, l'heure de convocation des équipes, les moyens techniques à disposition, les costumes nécessaires et les accessoires indispensables. La liste ressemble à un inventaire à la Prévert. Exemple de ce mercredi 3 mai : « appareil photo, mini-van vidéo pour le *rooling*, planches de 20 mètres de long, enceinte pour diffuser la musique, maquillage coquard Clotaire, cartable/sac 84 Jackie école, chewing-gum racc chambre (paquet de Malabar ou Hollywood), drone, mobylette à patiner… » Et, bien sûr, les séquences à tourner, découpées en plusieurs plans selon les cas et surtout selon le choix du cinéaste. « Route champs de colza ; c'est Jackie qui conduit la mob – 35 secondes », « champs de colza ; premier baiser dans un champ de colza – 50 secondes », « champs de colza vides ».

Deux minutes de film à tout casser pour une journée de travail. C'est, en gros, le tarif général. Parfois un peu plus, aux alentours de trois minutes. Pour les tournages télé, c'est le double voire le triple. Le cinéma prend davantage ses aises. Plus d'argent, plus d'enjeux. Mais rien ne se passe jamais comme prévu.

L'œil néophyte fait rapidement le calcul : une journée de huit heures pour deux minutes utiles de film… Et tout le monde est payé, en plus. Dites donc, les gens, y'a pas un truc qui vous gratte ? Se la couler douce aux frais de la production, ça ne gêne personne ? Huit heures *vs* deux minutes… Ce ne serait pas un peu du foutage de gueule ? Non, jamais. Mais vu de loin, ça peut surprendre. Le dernier plan de cette journée, par exemple, a duré à peine dix secondes : une heure a été nécessaire pour le préparer. Sur l'écran aucun spectateur ne s'en rend compte évidemment. C'est un travail de précision. De la haute couture. Un avion qui décolle et que personne n'entend va pourtant se coincer dans l'oreille de l'ingénieur du son, obligé d'arrêter la prise. Un cargo qui traverse l'arrière-plan à la vitesse d'un escargot pousse à prendre plusieurs minutes pour changer de cadre sinon rien ne sera raccord. Ça demande du temps perdu qui ne l'est finalement jamais.

Tout le monde doit être disponible à tout moment. Alors oui, c'est vrai, il y a des périodes d'attente entre deux prises. Mais dans ces moments-là, ce sont les techniciens et les machinos qui bossent. Les comédiens, eux, revoient leurs scènes. Répètent.

Ou discutent avec Gilles. Quand ils tournent, le chef électro surveille le nuage qui s'apprête à masquer le soleil et prie le ciel que le plan soit fini avant que la lumière disparaisse. La régie, elle, recharge la machine à café, va chercher les comédiens arrivés à la gare, s'occupe de régler la circulation ou prépare le terrain de jeu du lendemain. L'équipe costume répare les accrocs sur les fringues. Le coiffeur, un peigne à la main, guette les coups de vent. La scripte minute les prises et rature son grand cahier dès qu'un plan est tourné. L'accessoiriste pose un cendrier sur la table. Tout est à la fois banal et important. Apparemment futile et terriblement indispensable. C'est peut-être ça qu'on appelle la magie du cinéma : le public voit la main droite qui s'agite en pleine lumière mais c'est la main gauche qui fait le boulot.

10 heures. La mobylette est prête. Manu, l'accessoiriste, l'a trouvée sur un des nombreux sites qui proposent des engins de toutes tailles, de tous âges et de tous calibres. C'est un cyclomoteur 103 Peugeot, modèle lancé en France en 1971 et qui disparaîtra à la fin des années 90, remplacé par les scooters. Pour l'heure, la scène se déroule en 1984, donc tout va bien. Manu l'a patinée à souhait. Mallory, 17 ans, casque d'époque sur la tête, s'extasie :

« Je n'en ai jamais vu. Trop bien. »

Elle enfourche l'engin et fait une centaine de mètres. Au début peu assurée, elle finit par maîtriser la vitesse, les accélérations et le freinage.

« C'est chanmé, wesh. »

Le vocabulaire est d'aujourd'hui. Mallory (Wanecque) est une jeune comédienne, vue dans *Les Pires* de Lisa Akoka et Romane Guéret pour lequel elle sera nommée au César du meilleur espoir féminin en 2023. *L'Amour ouf* est son deuxième film. Elle y joue Jackie, lycéenne dans le nord de la France, studieuse (un peu) et bientôt amoureuse (beaucoup). À ses côtés, Malik (Frikah), champion du monde de break dance en 2011, aperçu rapidement dans *Apaches* de Romain Quirot. *L'Amour ouf* est aussi son deuxième film – mais quasi son premier. Il y joue Clotaire, adolescent des rues, frondeur (pas mal) et bientôt amoureux (beaucoup).

Les scènes du jour se situent quelque temps après le début du film. Jackie et Clotaire se sont rencontrés, se plaisent et vivent un premier grand amour. Un amour totalement fou. Totalement ouf. Mais Clotaire va tomber dans la délinquance, y entraîner son pote Lionel et son frère Kiki. Bastons, trafic de drogue, racket, vols. Jackie tente de le raisonner. En vain. Un braquage qui tourne mal et Clotaire en prend pour dix ans. À sa sortie de prison, il tente de revoir Jackie, mariée avec un autre. Car son cœur bat encore comme un ouf. Et celui de Jackie peut-être aussi.

À ce moment-là du film, Jackie et Clotaire, devenus adultes, sont interprétés par Adèle (Exarchopoulos) et François (Civil)[1]. Le scénario est adapté du roman éponyme de Neville Thompson et court sur vingt ans entre 1975 et 1995.

Il est un peu plus de 10 heures quand la caméra arrive enfin. Pas de panique.

« On commence par les gros plans », lance Gilles.

Il semble à son aise, comme s'il était sorti d'un grand bain la veille. Actif, souriant, détendu. Peut-être joue-t-il très bien le rôle du metteur en scène décontracté, qui n'en mène en fait pas large. Il faudra penser à vérifier régulièrement ses états de service tout au long des dix-huit semaines de tournage.

Pour les gros plans, la voiture-travelling doit être installée. Comprendre : la caméra est fixée dans l'espace arrière d'un véhicule sans toit ni armature et le cyclo 103, accroché sur le côté. L'ensemble est d'un seul tenant de façon à pouvoir

1. Il sera sans doute compliqué, au cours du récit, de différencier à chaque fois les acteurs de leurs personnages. Pour se repérer, la distribution se trouve en fin de livre, dans le « Générique ».

cadrer sans risque Jackie au guidon et Clotaire sur le porte-bagage. Il s'agit de filmer, en différentes valeurs de plan[1], les visages des deux acteurs ensemble, de l'un et de l'autre, les sourires, les cheveux au vent, les mains de Clotaire posées timidement sur les hanches de Jackie, les regards portés droit devant.

« Et on fait quoi du casque ? » demande Manu.

Cette question fait partie de la centaine posée par jour à Gilles. Comme d'ailleurs à tous les cinéastes du monde, qui doivent tout savoir à tout moment. Ou faire semblant. L'omniscience est de rigueur. L'erreur, au moins autant. C'est un cliché vérifié chaque minute – ce n'est donc pas un cliché mais une vérité. Il faut s'y préparer.

« On ne fait rien, répond Gilles. Le désir monte entre Jackie et Clotaire, il faut kiffer, la vie est belle : pas de casque. »

Il est 11 heures, pause déjeuner. Au moment de se rendre aux œufs mayo, Gilles est interpellé par Isabelle (Pannetier), la créatrice de costumes. Elle a étalé sur le talus une quinzaine de sacs à dos. Nouvelle question.

---

1. Les valeurs de plan vont du très gros plan au plan général avec, entre les deux, le gros plan, le plan américain, le plan moyen, le plan large, etc.

« Tu peux choisir le sac de Jackie ? »

Gilles jette un coup d'œil pendant dix secondes et en désigne plusieurs.

« Ces trois moches-là, c'est bien. »

Réponse de Normand. Il faudra bien se décider pour un seul sac à dos tout à l'heure. Il n'était pas prévu qu'un tel choix demande autant de réflexion. Et maintenant, à table.

Alain Attal (Trésor Films) et Hugo Sélignac (Chi Fou Mi Productions), les deux producteurs, arrivent pour le dessert. Un premier jour est important pour tout le monde. Pour eux aussi. Le duo passera régulièrement sur le plateau, Alain davantage que Hugo qui, lui, a plus de projets sur le feu au même moment. Les deux hommes sont en terrain connu : ils travaillent régulièrement ensemble, ils sont aussi les producteurs du *Grand Bain* et Gilles a tenu à reprendre l'équipe technique quasiment à l'identique. Par fidélité. Par efficacité. Par confort de travail. Par amitié.

12 h 15. Ça s'agite. L'équipe est prête à tourner. Dans la voiture-travelling se placent le chef opérateur, Laurent (Tangy), l'ingénieur du son, Cédric (Deloche) et l'assistant opérateur, J-C (Allain). Une voiture les suit, dans laquelle Gilles s'installe avec un petit écran de contrôle et un talkie pour indiquer à Laurent les plans à filmer. Mais avant, il aura

choisi le sac à dos kaki pour Jackie, version surplus de l'armée américaine, et la montre de Clotaire.

Une bonne heure plus tard, les plans sont en boîte. L'expression toujours vivace vient de l'époque où les films se tournaient avec de la pellicule qui se rangeait dans des boîtes. À l'heure du numérique, les plans sont maintenant encartés-codés-stockés-fichés ; l'expression manque tellement de poésie que personne n'en parle.

L'équipe revient. Changement de décor.

14 heures. Il s'agit maintenant de filmer, avec un drone, Jackie et Clotaire filant sur une route de campagne, toujours en mob. Mais pourquoi faire simple… Tandis que les deux amoureux roulent, le drone, parti de loin, les rattrape par le côté alors qu'ils entrent dans le cadre. Il faut donc que soient coordonnées la vitesse du drone et celle de la mobylette. Une prise, deux prises, trois prises. Ça ne marche pas. Jackie et Clotaire apparaissent trop tôt à l'écran, trop tard ou pas du tout. Finalement, Gilles décide que le drone doit partir de moins loin. Pas mal mais pas satisfaisant. Finalement Gilles décide que le drone doit avoir Jackie et Clotaire à l'image dès le début. Pas satisfaisant mais pas mal. Gilles sourit quand même.

« T'as vu, je reste zen. »

Ce n'était pourtant pas si compliqué de se régler pour que le drone arrive pile-poil quand Jackie et Clotaire flambent le bitume sur la longue ligne droite. Il suffisait de calculer la vitesse plus ou moins régulière du drone et celle de la mobylette, qui patine quelques mètres avant de se lancer à fond, à partir d'une simple équation mathématique et de trouver le point de ralliement en coordonnée A et en abscisse B, avec X en inconnue et l'allure du vent V en constante aléatoire. Personne n'a essayé. C'est ballot.

Personne n'a essayé parce qu'un film ne se met jamais en équation. C'est la leçon du jour qui se vérifiera mille fois. À chaque ligne du scénario, à chaque prise de chaque scène, à chaque plan coupé et remonté, à chaque note de musique écrite. Une évidence ? Peut-être. Pour autant, un film – et toute création, d'ailleurs – ne tombe pas tout cuit dans la poche de l'artiste. C'est à la fois de l'intuition, du travail, de l'envie, de l'inconscience, du plaisir, de la trouille.

Encore quelques séquences de drone, une scène de premier baiser entre Jackie et Clotaire au milieu d'un champ de colza, le (dernier) plan sur la mobylette posée à terre près d'une barrière. Fin de journée. Applaudissements. L'équipe d'un film aime ces rituels qui font la nique au mauvais sort. Tout s'est globalement bien passé. Le drame du drone n'est qu'un banal mauvais souvenir. Rendez-vous est pris le lendemain pour des essais techniques. Le vrai premier jour du tournage est prévu le 9 mai à Lille, puis à Dunkerque et à Marseille pour quelques jours. Trois mois et demi. Dix-huit semaines et quatre-vingt-huit jours. C'est long. Très long. Inhabituellement long. Un tournage dure en moyenne entre sept et dix semaines. Mais *L'Amour ouf* se déploie sur trois heures. Il faut le temps de tout mettre en boîte. Et en carte.

François Truffaut disait avec raison qu'« un film s'écrit trois fois : une fois pendant le scénario, une fois pendant le tournage et une dernière fois pendant le montage ».

Il est donc temps de revenir au commencement du début.

Flash-back. Et rencontre avec l'homme qui a tout déclenché, dix-sept ans plus tôt : Benoît Poelvoorde.

Au commencement était le début

Benoît Poelvoorde sirote son café et plonge dans ses souvenirs du printemps 2006.

« C'était quelque temps après la sortie de *Narco*, le film que Gilles a réalisé avec Tristan Aurouet et dans lequel je joue. Je lis *L'Amour ouf* de Neville Thompson. À l'époque, je cherchais une histoire pour tourner un film. Je dis ça aujourd'hui mais c'était déjà une arlésienne ; je n'ai jamais réalisé et je ne réaliserai sans doute jamais. *L'Amour ouf* n'est pas un très bon livre mais il y avait quelque chose : une grande histoire d'amour un peu rock'n'roll sur plusieurs années entre deux ados qui devenaient adultes. La structure tenait le coup et en lisant le roman, les pages se tournaient facilement.

Comme Gilles avait proposé qu'on écrive ensemble, je lui file le bouquin. Il adore. Et lance l'affaire. Il organise un dîner un lundi avec Alain

Attal, le producteur, lui et moi. Gilles raconte l'histoire à Alain qui dit banco et nous propose de commencer à écrire. Il a un plan pour qu'on soit hébergés à la Villa Médicis à Rome. Gilles est très excité. Il demande à Alain quand on peut partir, qui lui répond : après-demain.

Ça démarre mal. Autant Gilles enchaîne au quart de tour, autant moi, qui suis plutôt angoissé, j'ai besoin de temps pour me faire à tout ce qui m'arrive. En plus, je n'aime pas voyager. Mais bon, j'y vais parce que Gilles est mon pote et qu'il sait être convaincant. Mercredi après-midi, nous voilà à l'aéroport. Gilles, toujours aussi excité, moi, toujours aussi flippé. Il est 16 heures, notre avion décolle à 18 heures. Tranquille. On a le temps. Ça me va très bien. Je peux souffler. Et boire une bière. Pas Gilles qui repère un vol qu'on pourrait prendre immédiatement. J'essaie de l'en dissuader mais rien à faire. Il change les billets tandis que je m'inquiète de nos bagages. Ça le fait marrer : "Arrête de flipper pour des trucs débiles, Ben, tout est informatisé, nos bagages vont suivre, ne t'inquiète pas."

Nous arrivons à Rome évidemment sans les bagages. Ils doivent être dans le vol prévu à l'origine. Donc on attend. Et pas de bière au bar. L'avion atterrit : pas de bagages. Rien dans les suivants non plus. Je stresse de plus en plus. J'ai mes médocs dans la valise et sans eux je ne dors pas. Il est minuit, toujours rien. Avant la Villa Médicis, il était prévu qu'on passe trois nuits dans un hôtel. On y va les mains dans les poches. Dans un italien sous influence très sud-américaine, Gilles demande au concierge de s'occuper de nos bagages. Le gars répond avec un sourire. Tu parles, il n'en a rien à foutre.

Évidemment, je ne dors pas. Gilles, très bien ; il s'endort n'importe où, ce con. Le lendemain, devant le manque d'implication du personnel de l'hôtel, on retourne à l'aéroport. Toujours rien. Deuxième nuit sans dormir. Et sans travailler non plus. On n'a même pas sorti les ordinateurs. Troisième nuit sans dormir ni bagages. On finit par les récupérer le jour où on doit aller à la Villa Médicis. Je ne sais toujours pas comment.

Là, d'accord, je dois reconnaître que ma chambre est magnifique. Avec un lit à baldaquin et un piano sur lequel a joué Claude Debussy ; c'est marqué sur une petite plaque. La chambre est tellement grande et seulement occupée par deux petits fauteuils et une petite table que je me vois comme un bonhomme dans un dessin de Sempé. Gilles est dans la chambre à côté de la mienne.

Contre toute attente, on commence à travailler. Le problème, c'est que je me lève tôt et Gilles, plutôt tard. Donc la journée de travail se termine vite. On épluche le livre. Les séquences qu'on garde, celles qu'on jette. Ça dure bien une heure ou deux.

Mais bon, nous sommes jeunes, nous sommes à Rome, les bars, le soleil… Au bout d'une semaine, nos copines arrivent et on ne fout plus rien.

On s'est vraiment bien marrés mais on s'est aussi rendu compte qu'on n'était pas sur la même longueur d'onde. Lui se réfère à Scorsese et Coppola, moi, aux frères Dardenne et à Benoît Mariage. Gilles imagine un film à l'américaine parce que sa cinéphilie vient de là, moi, je veux prendre mon temps pour raconter l'histoire parce que le réalisme belge, c'est évidemment ma culture. Finalement, on a mis le scénario de côté et on est restés potes.

J'ai ensuite tourné *Le Grand Bain* avec lui. À la sortie du film, heureux du succès public, il me prend à part et me dit : "Je vais reprendre *L'Amour ouf.*" J'essaye de l'en dissuader et de le pousser vers plus d'ambition qu'un petit polar avec une petite frappe. J'ai du flair quand même, non ?

J'ai lu la première version et je m'inquiétais déjà. Un film de trois heures avec des personnages qui vieillissent sur dix ou quinze ans. "Mais comment tu vas faire, Gilles ?" Et comme pour les bagages, il me répond : "Mais t'inquiète, Ben, tout va bien se passer." Il est comme ça, Gilles : une force de conviction et d'auto-persuasion. Jamais angoissé. Il avait tout en tête.

Évidemment, il m'a écrit un rôle. Je ne suis pas passionné par le personnage que je joue, La Brosse, le méchant, mais je n'ai pas pu refuser. Le problème de Gilles, si je peux dire, c'est qu'il est très fidèle en amitié. Donc il donne à ses potes des personnages avec un peu de gras pour qu'ils existent à l'écran. Mais je ne remets plus jamais en cause ce que dit Gilles. Totale confiance. Mon côté rationnel me donne tout le temps tort – sauf pour les bagages en retard. Je n'avais pas parié une cacahuète sur *Le Grand Bain*. Qui va aller voir des connards avec des gros bides dans une piscine ? J'ai vraiment du nez.

Je me suis bien amusé pendant le tournage de *L'Amour ouf*. J'adore Gilles, mais je suis un luxe dans son film. J'aurais très bien pu ne pas y être, je ne lui en aurais pas du tout voulu. Parfois, je me dis qu'il m'a fait tourner parce que je lui ai parlé du bouquin.

Aujourd'hui, je m'inquiète qu'on lui fasse du mal. Ceux qui ont été trop enthousiastes sur *Le Grand Bain* risquent de le brûler. Je croise les doigts pour lui. Et je serai là pour le protéger. »

L'aventure à la Villa Médicis se situe donc en 2006, date à laquelle Alain Attal et Hugo Sélignac achètent les droits du roman.

Après cet épisode romain, Gilles continue pendant six mois à travailler sur le scénario. Mais il se rend compte de l'ampleur qu'il veut donner à ce projet ; personne ne voudra financer un film dont le budget s'annonce si important. D'autant qu'il a peu de crédit comme cinéaste. *Narco* a été un succès mais davantage grâce à son casting – Guillaume Canet, Benoît Poelvoorde, Zabou Breitman, François Berléand, Léa Drucker… – qu'aux noms des deux réalisateurs. Le tournage s'est d'ailleurs mal passé et Gilles l'a vécu comme un traumatisme ; il se demande même s'il va pouvoir revenir un jour derrière la caméra. De fait, il y retournera, mais dix ans plus tard pour un sketch des *Infidèles* coréalisé avec Jean Dujardin et en solo quinze ans après *Narco* pour *Le Grand Bain*.

Donc il attend. C'est d'autant moins pénible qu'il commence à se faire un nom comme comédien. Il est remarqué en pote branleur sur son canapé dans *Ma vie en l'air* de Rémi Bezançon (2005). Enchaîne les seconds rôles et même un premier rôle dans le très réussi *Un singe sur le dos* de Jacques Maillot pour Arte dans lequel il joue un alcoolique. Le film et l'interprétation sont applaudis. Les rôles se font plus importants : *À bout portant, Adèle Blanc-Sec, Les Petits Mouchoirs* (2010).

Il coécrit *Les Infidèles* et y interprète cinq rôles. Ça râle et ça grince dans le milieu. Film de potes (Dujardin, Canet, Bedos…), film de beaufs. Mais le succès est au rendez-vous. C'est l'époque de la génération « mouchoirs » avec Dujardin, Canet,

Lellouche, Cotillard… Applaudie ou détestée. Moquée, jalousée. Ça roule des mécaniques et les chevilles ont tendance à gonfler. Gilles se croit en haut de l'affiche mais il s'écrase avec *Gibraltar* et *100 % cachemire*. Remonte la pente grâce à *Mea culpa* et à *L'Enquête*, film pour lequel je le rencontre pour la première fois à l'occasion d'un portrait dans *L'Express*, paru en 2015. Il m'avoue, lucide : « J'ai joué des seconds rôles formidables grâce auxquels j'ai connu la bienveillance du métier et de la critique. Puis j'ai compris la difficulté de porter un film sur ses épaules. Je me suis fait allumer pour de bonnes raisons. On attendait sans doute de moi des choix plus rigoureux. »

La veille de cet entretien pour *L'Express*, il envoyait à ses producteurs Alain Attal et Hugo Sélignac la version dialoguée du *Grand Bain*. Il tournera le film entre février et avril 2017, qui sera sélectionné hors compétition au festival de Cannes 2018. Accueil critique enthousiaste et quasi unanime. Succès public à la sortie : 4,5 millions d'entrées. Personne ne s'attendait à un tel engouement. Gilles y gagne ses galons de réalisateur. Côté acteur, il est tout en haut de l'affiche, certainement sur le podium. Ses producteurs savent alors que les financiers les suivront pour un projet d'ampleur.

Gilles peut rouvrir le tiroir de son bureau pour y récupérer le scénario de *L'Amour ouf*.

(Parenthèse)

J'ai proposé à Gilles Lellouche de suivre l'aventure de son film pour la raconter dans un livre en septembre 2019, alors qu'il commençait à y travailler sérieusement. Mais ni lui ni moi ne pensions être encore sur la bête en mars 2024. Lui peaufine le montage de son *Amour ouf*, quand j'entame l'écriture de ce récit. Il se débat avec les mille scènes (c'est une image) qui vont composer une histoire de trois heures environ, je relis mes dix carnets de notes format sténo, 180 pages – 70 g/m^2 (ce n'est pas une image).

Thé pour lui, eau gazeuse pour moi. C'est pourtant la fin d'après-midi en ce doux mois de septembre à La Palette, bistrot parisien typique de Saint-Germain-des-Prés, et les consommateurs alentour boivent plutôt des pintes de bière ou des verres de vin rouge. Ce détail que je relève alors n'a aucun intérêt mais il me permet de réfléchir encore quelques secondes avant de faire ma proposition à Gilles. Pour être honnête, je ne sais pas comment lui présenter l'affaire. Ça fait quelque temps que j'ai ce projet en tête, suivre l'aventure d'un film de A à Z, mais je sais trop la difficulté de coller aux basques de quelqu'un qui se débat avec les affres de la création. Les moments de découragement, de doute, quand ce n'est pas de déprime, sont fréquents, et je conçois que les vivre sous un œil extérieur n'est pas simple. Écrire un scénario à plusieurs, c'est le cas ici, pousse naturellement à la confrontation d'idées, voire aux crispations, aux engueulades et aux batailles d'*ego*. Il faut aussi convaincre des producteurs, évidemment réticents, du bien-fondé d'une scène géniale mais très chère, annoncer à des comédiens qu'ils n'ont pas été choisis, passer des jours à chercher un bon décor et se rabattre sur un lieu qui fera l'affaire, tant pis, s'accommoder, pendant le tournage, de la météo pourrie, de la mauvaise humeur de certains, et parfois de celle du metteur en scène, d'un problème technique qui plombe la journée, d'un mouvement de caméra foireux, d'un acteur qui ne sait pas son texte, d'une cascade de voiture ratée, d'une nuit trop froide, d'un soleil trop éclatant, puis se poser mille questions pendant le montage, comment rendre lisible l'intrigue, faut-il garder cette séquence, ou alors rallonger ici et couper là, être content d'une journée bien remplie, être affligé le lendemain parce que cette journée n'était finalement pas si bien remplie, recommencer, ne jamais en voir la fin. Ça fait beaucoup.

Gilles dit oui immédiatement. Pas de réticences, pas de mise en garde, pas de discussions. Suivre l'écriture du scénario ? Bien sûr. Le casting et la préparation ? Évidemment. Aller régulièrement sur le tournage ? Ça va de soi. Assister au montage ? Comment faire autrement. Open bar et fenêtres ouvertes, donc. Parfait. Merci. Je ne sais toujours pas s'il a regretté d'avoir donné un accord aussi franc et entier ; en tout cas, il ne l'a absolument jamais remis en question. J'ai quand même dû forcer la porte de temps en temps. Se faire accepter de l'équipe, interroger les uns, regarder travailler les autres, se renseigner sur ce qui est en train de se faire. Qui, où, quand, pourquoi. Personne n'est là pour prendre par la main quelqu'un qui n'a, *a priori*, rien à faire dans cette aventure. Vade-mecum personnel : laisser traîner ses oreilles pour savoir ce qui se trame, se faire discret, prendre des notes devant les yeux interrogateurs de l'équipe, au début méfiante, à la fin amicale.

(Le titre original du roman de Neville Thompson est *Jackie Loves Johnser, OK?* Il est sorti en septembre 2000 chez Robert Laffont et en poche en mai 2002 chez 10/18.

Le roman alterne les chapitres à la première personne des deux personnages : d'un côté Johnser, un petit délinquant de Dublin, de l'autre Jackie, une fille vive et débrouillarde. Deux voix qui racontent leur vie commune. C'est le temps du premier amour. Un grand amour ouf qui bientôt va s'épuiser. Histoires de gamins, de coucheries, de trahisons amoureuses. Johnser se marie avec Tara tandis que Jackie, désespérée, se réfugie dans les bras de Jeffrey. Ça vire polar et trafics. Johnser est envoyé en prison pour un crime qu'il n'a pas commis. À sa sortie, Johnser revoit Jackie. Ils s'aiment toujours. Ils se mettent ensemble. Enfin. Mais le destin n'a pas fini de jouer avec eux.)

Pages blanches

Un jour, le journaliste Michel Boujut demande à Claude Sautet le sujet de son prochain film[1]. « C'est une question à laquelle je n'ai jamais su répondre. Je me rappelle que lorsqu'on me posait cette question à propos des *Choses de la vie* ou de *Vincent, François, Paul et les autres*, je répondais pour le premier : "C'est un homme qui a un accident de voiture" ; et pour le second : "Ce sont des types qui se retrouvent tous les week-ends…" »

C'est peut-être la meilleure réponse du monde puisque le sujet d'un film ne dit jamais vraiment d'où il vient, ni ce qu'il peut révéler de l'artiste.

Aujourd'hui, ça pitche à tout-va et à tous vents. Il faut trouver les bons mots pour résumer une histoire, accrocher un producteur qui décidera de

1. *Conversations avec Claude Sautet*, Institut Lumière/Actes sud, 2014.

financer le développement d'un scénario. Et on imagine facilement le désarroi face aux réponses de Claude Sautet. Peut-être Hitchcock évoquant *Psychose* a-t-il raconté que c'était l'histoire d'une femme qui s'arrête dans un motel pour prendre une douche. Quant à *Titanic*, c'est un bateau qui coule et il n'y en aura pas pour tout le monde. *Bienvenue chez les Ch'tis* suit un postier qui délaisse la bouillabaisse pour le maroilles. Et *Les Tontons flingueurs* raconte un type qui n'est pas content de quitter Montauban.

Une version claudesautienne de *L'Amour ouf* serait : un garçon et une fille grandissent.

C'est évidemment un peu simple comme résumé, voire frustrant, en tout cas pas du tout vendeur. Impossible de convaincre un producteur avec *ça*. Pour monter au front, il faut prendre en compte l'intrigue, les péripéties, les personnages, le sujet, le récit, le genre et à chaque fois essayer de remplir les lignes. Il y a surtout le désir du cinéaste qui s'ancre dans mille endroits : l'enfance, le cinéma, l'intimité, l'actualité, le hasard. Et plus encore.

Pour ouvrir un peu plus la porte, il est possible d'écrire que *L'Amour ouf* est une grande histoire d'amour sur vingt ans, violente et musicale. Pour Gilles, c'est plus sûrement l'histoire d'une adolescence qui se termine et d'un âge adulte qui peine à éclore, racontée par un homme, lui en l'occurrence, nourri au cinéma et à The Cure.

« Avec ce film, j'essaie d'être fidèle à mes impressions d'adolescent. Le cinéma me donnait envie de vivre mieux. D'aimer plus fort, d'être plus courageux, d'avoir plus de talent. Coppola m'a aidé à grandir. Sidney Lumet et Michael Cimino, également. Et *Mad Max*. Et *La Haine* et *Un Monde sans pitié* et *Do the Right Thing* de Spike Lee.

L'adolescence est un monde qu'on se crée tout seul dans sa chambre en écoutant de la musique, en dessinant, en pensant à l'amour ou au cinéma. Je veux essayer de raconter cette bulle, ce moment, ce monde dont les adultes sont totalement exclus. Mais puisque le cinéma m'a aidé à grandir, je vais raconter cette histoire pour qu'elle déborde de cinéma. Je sais que c'est risqué mais c'est ce que j'aime. Je m'emmerde si je ne prends pas de risques. »

Habituellement, un scénario s'écrit dans un *tempo* continu. Disons plus ou moins un an en moyenne avec de courtes pauses pour laisser reposer le soufflé et remettre l'ouvrage sur le métier. Mais rien n'est coulé dans le marbre : ni la façon d'écrire, ni le temps que ça demande, ni même le respect d'une quelconque théorie de scénario qui existe pourtant dans les livres mais assez peu sur le terrain. Il y a autant de manières d'écrire un scénario que de films.

Un monde existe, et parfois mille, entre les scénaristes enfermés dans les bureaux hollywoodiens qui enchaînent de la ligne comme à l'usine, les auteurs de la Nouvelle Vague qui s'échinent à tourner le dos aux histoires trop écrites, Jean Renoir, qui aime improviser pendant le tournage, Alfred Hitchcock, pour qui le scénario sert d'appui à ses inventions formelles, ou Clint Eastwood, qui n'écrit pas une ligne mais parvient à chaque fois à réaliser un film plus eastwoodien tu meurs.

La singularité ici, c'est le temps de l'écriture. Entre mars 2020 et janvier 2023, Gilles a tourné huit films : *Adieu Monsieur Haffmann* (mars 2020, arrêt pour cause de Covid, reprise en juin), *Goliath* (août 2020), *Kompromat* (octobre 2020), *Astérix et Obélix : l'Empire du Milieu* (printemps-été 2021), *Fumer fait tousser* (septembre 2021), *Je verrai toujours vos visages* (février 2022), *Soudain seuls* (automne 2022), *Daaaaaalí* (hiver 2022). On devine les longues périodes d'inertie pendant lesquelles chacun vaque à ses occupations, bosse ailleurs ou laisse mûrir le travail accompli. Quand ce n'est pas le Covid qui vient perturber les réunions en commun.

En juin 2020, le séquencier est prêt. Un séquencier est une sorte de long résumé du scénario qui n'existe pas encore mais qui en décrit les moments les plus importants de façon à saisir les enjeux, les causes et les effets des comportements des personnages. Il y a peu ou pas de dialogues, quelques détails, mais tout pour comprendre la trajectoire de l'histoire. Il sert de point de départ pour la suite. Un plan structurant, remis en question à chaque étape de l'écriture du scénario qui va décider d'autres scènes, d'autres directions.

Ce séquencier-là compte 17 pages et 181 scènes. Il se présente ainsi pour la rencontre et les premiers moments entre Jackie et Clotaire :

21. La rencontre : Un autre matin, les filles descendent du bus. Les mecs se mettent à charrier. Jackie fait demi-tour. Lou veut la retenir mais elle y va. Elle met une rafale à Lionel, sous les yeux surpris de Clotaire. Ils s'approchent, on se demande comment il va la tailler. Il lui demande juste ce que c'est le pin's sur sa veste. Ben, c'est The Cure… Il la regarde partir, épaté.

22. Clotaire à la recherche du disque des Cure dont il a mal entendu le nom. Il le vole et se casse en courant.

23. Il écoute le disque le soir.

24. Clotaire débarque avec le disque à la sortie de l'école, il est un peu timide, maladroit plutôt. Il lui propose de sécher… « Pourquoi je ferais ça ? » Pas d'argument. Il se prend un vent. En plus, elle a déjà le disque…

25. Préparation pour une soirée entre Lou et Jackie, mais elle s'en fout de la soirée, elle a l'esprit ailleurs, peut-être envie de revoir Clotaire.

26. Clotaire veut absolument la revoir aussi et se prépare pour s'incruster à la soirée. Lionel s'est trop sapé, bien sûr.

27. Jackie se fait chier à la fête jusqu'à ce qu'elle entende une rumeur…

28. Les garçons sont passés par-dessus le mur pour s'incruster à la soirée, ils pensaient se fondre dans la masse. Raté : baston !

Attirée par l'agitation, Jackie est prise d'un élan, elle se jette sur lui pour que les mecs arrêtent de frapper, elle fait bouclier de son corps qu'elle enlace autour de celui de Clotaire.

29. On bascule dans l'irréel, le fantasmé, en « comédie musicale » sur un morceau de The Cure, *A Forest* : danse en apesanteur, on tournoie autour d'eux « enlacés ».

Cette scène est restée quasi la même dans le scénario final. Il y a eu quelques changements mais les points importants sont là : Jackie et Clotaire se charrient, Clotaire vole le disque des Cure pour Jackie, la soirée avec la scène de danse sur fond de *A Forest* des Cure.

Les scènes ci-dessous se situent, elles, un peu plus loin dans le film. Jackie et Clotaire sont ensemble et Clotaire est maintenant embarqué par la bande de La Brosse qui prépare un casse.

88. [Clotaire] emmène Jackie à l'hôtel. Lui, il kiffe l'idée, elle, est mal à l'aise, ils n'ont pas l'âge pour ce cérémonial. Il en fait trop, lui offrant des parfums de luxe, de « dame ». Il est en train de devenir un autre, il joue au bonhomme. Elle le met en garde contre la mauvaise influence de la bande. Il la rassure, blablate, l'enlace…

Ils font l'amour.

89. Jackie dans sa chambre, sur la décoration encore « petite fille » sur laquelle on s'attarde. Jackie pleure. Son père vient lui faire des remontrances sur son comportement dernièrement, sur la confiance entre eux qui est mise à mal. Mais devant la tristesse de

sa fille, il finit par la consoler, elle se laisse faire.

90. Tony est au volant, Clotaire à ses côtés demande où ils vont. Tony évoque une « étude de marché ».

91. Désormais aux commandes d'une moissonneuse-batteuse qui rase un champ, Tony hurle son interrogatoire à l'intention d'un pauvre type qui essaie d'éviter les lames tranchantes de l'engin qui le poursuit. Clotaire en passager est horrifié, tétanisé. Le type court, trébuche, se relève, pleure, hurle, supplie… et répond aux questions logistiques de Tony. Il donne une date, un horaire et un trajet, Tony le remercie… et accélère. Le sang gicle.

92. La Brosse, satisfait, informe Clotaire qu'à la date évoquée, Clotaire va devoir se marier (nouvel alibi lors du braquage planifié). Constellé de sang, Clotaire, encore plus choqué, tangue… La Brosse lui tape sur l'épaule d'un « *mazeltov* » rigolard.

93. Clotaire au bas de chez Jackie, il est fébrile, il se sent mal. Il jette une pierre à sa fenêtre, le père sort, s'énerve : « Tu la laisses ! Tu te casses ! » Altercation entre les deux, Clotaire casse tout dans la

`baraque. Il est en larmes, s'en va. Jackie pleure dans sa chambre.`

`94. Ils sont quelques-uns à l'arrière d'une camionnette. Clotaire, Tony, deux autres, en tenue « de combat ». Silence, hormis les cahots de la route. Le véhicule accélère. Tous rabaissent des cagoules et s'accrochent. Un grand fracas, ils sont bringuebalés mais s'accrochent. La camionnette s'immobilise, ils bondissent aussitôt au-dehors, armes braquées.`

De toutes ces scènes, seules resteront dans le scénario final la 93 – altercation entre Clotaire et le père de Jackie – et le principe de la 94 – le début du braquage, mais raconté différemment.

Vous aurez sûrement noté que dans la séquence 91, Tony, le fils du boss local, poursuit un type en moissonneuse-batteuse ; il l'interroge pendant que les lames de l'engin lui chatouillent les mollets et quand Tony a enfin ce qu'il veut, il transforme le gars en botte de foin de chair humaine – en tout cas on peut l'imaginer ainsi. Scène sans doute tendue, choquante, sanglante. Qui s'imagine et se visualise facilement. Ce pourrait être une des grandes scènes du film. De celles qui impressionnent.

Il y a la scène de l'avion dans *La Mort aux trousses*, de la tête de cheval dans *Le Parrain*, de la roulette russe dans *Voyage au bout de l'enfer*, de la traversée du pont dans *Sorcerer*, il y a maintenant celle de la moissonneuse-batteuse dans *L'Amour ouf.* Ça aurait de la gueule. Gilles Lellouche au Panthéon du septième art. Une scène découpée en tranches par les étudiants en mise en scène des plus prestigieuses écoles mondiales, citée par les ouvrages du cinéma comme un montage exemplaire, motif d'engueulade entre cinéphiles pour savoir si, justement, Lellouche n'aurait pas fait mieux que Hitchcock et si tout *Massacre à la tronçonneuse* n'était pas devenu, en comparaison, aussi fade qu'un verre d'eau.

Que les uns se rassurent, et peut-être pas les autres : cette scène n'existe pas. Elle n'a pas été filmée. Elle n'est même pas dans le scénario final. Supprimée *manu militari*. Découpée en botte. Bien fait.

Et pourtant…

Audrey Diwan, coscénariste du film : « Comme Gilles a le roman en tête depuis des années, il s'est construit des images, des scènes, des séquences qu'il imagine présentes à un moment donné du scénario. Celle de la moissonneuse-batteuse par exemple. Elle n'est pas dans le roman mais il avait envie de la filmer. Cette scène devient alors une énigme : comment faire en sorte qu'on arrive à l'écrire, qu'elle soit cohérente dans le récit, qu'elle justifie un comportement, éventuellement une émotion ? »

Cette scène était donc là, posée sur la table, et il ne fallait pas qu'elle s'échappe. Mais elle s'est finalement échappée parce que Clotaire y est trop passif et Tony, trop actif.

Au fur et à mesure des séances de travail sur le scénario, les choix se sont affirmés : il n'a été gardé du livre que la première partie – l'enfance de Jackie et de Clotaire, leur rencontre, leur histoire d'amour. La seconde partie, la vie familiale séparée de l'un et de l'autre, a été supprimée. Car *le* fil rouge du récit s'est fait jour après avoir essayé mille chemins : c'est l'histoire d'amour entre Jackie et Clotaire. Toutes les scènes avec l'un ou l'autre et, évidemment, avec l'un et l'autre, se rapportent et font écho à cette histoire d'amour. Point. *Basta.*

Point et *basta* peut-être, sauf que ce chemin-là a pris un long moment avant d'être bétonné. Plusieurs semaines, plusieurs mois. Il y a d'abord eu une période Scorsese et Tarantino : la baston et le sang giclaient à toutes les pages. Et puis Gilles en est revenu : « C'est trop. Il faut raconter la violence à hauteur d'hommes. L'histoire d'amour se replacera d'elle-même au bon endroit. » Impossible en fait de dire à quel moment la pépite, que tout le monde espère d'or, se découvre dans l'amas de boue. Les séances de travail de scénario sont, selon les cas, passionnantes ou banales. Discussion, engueulade, rigolade, écriture, réflexion, excitation, découragement. Ça brasse des grandes idées avec succès ou ça s'épuise sur des points de détail ; le contraire fonctionne aussi.

23 mars 2021. Chez Gilles. Une grande table rectangulaire dans la salle à manger attenante à la cuisine qui donne sur la porte d'entrée. Dans le salon en contrebas de trois marches, j'aperçois des instruments de musculation que Gilles utilise pour parfaire sa silhouette d'Obélix. Sans potion magique.

Audrey est à l'ordinateur. Elle aime ça : taper sur le clavier structure sa pensée. Ce qui ne l'empêche évidemment pas de discuter. Gilles, Ahmed Hamidi et Julien Lambroschini, les trois scénaristes du *Grand Bain*, lancent les idées et observent celles qui retombent – Julien partira bientôt pour d'autres aventures.

Audrey Diwan est scénariste et réalisatrice, elle a notamment été récompensée d'un Lion d'or à Venise pour *L'Événement*.

Ahmed Hamidi a fait partie de l'équipe des Guignols de 2000 à 2008.

Le sujet du jour est de savoir comment présenter Jackie dans sa vie sans Clotaire qui est en prison. C'est le début de la seconde partie qui finira par leurs retrouvailles. Ils sont donc adultes – et joués par Adèle Exarchopoulos et François Civil. La discussion vire au flou pour l'instant.

Autre question : « Est-ce que le père de Jackie n'aurait pas une meuf maintenant ? » Proposition de Gilles adoptée rapidement. S'ensuit l'élaboration d'une scène de repas entre Jackie, son père, et sa « belle-mère ». Gilles veut du banal, du quotidien, des sourires. Jackie est toujours proche de son père et heureuse de le voir heureux.

Gilles se lance dans une scène d'improvisation pour fixer les dialogues. Ça aide d'être comédien. La séance dure trois bonnes heures. Retour chez soi. Prière de penser à tout ça sérieusement.

1er avril. Chez Gilles.

Reprise de toute la première partie jusqu'à la rencontre entre Jackie et Jeffrey – avec qui elle sera en couple avant les retrouvailles avec Clotaire.

Motiver davantage l'histoire d'amour.

Faire attention aux dialogues pour qu'ils ne commentent pas ce qu'on voit à l'image.

Enlever tous les « clichetons » des scènes avec les mafieux.

Gilles et Ahmed ont trouvé leur place : ils jouent au ping-pong pour trouver des dialogues (c'est une image).

Audrey a trouvé la sienne : elle est l'arbitre (c'est la même image) et remet régulièrement les garçons dans le droit chemin des enjeux de l'histoire d'amour.

Ahmed : « Avoir travaillé pour les Guignols m'a appris qu'il ne faut jamais avoir peur de sortir une connerie. Si tu attends la bonne idée pour parler, tu vas parler tous les trois jours. Il faut en lancer vingt, trente, cinquante et il y en aura peut-être une ou deux de bonnes. Pour remplir d'anecdotes la vie des personnages, chacun y va de sa propre expérience. »

Gilles relit systématiquement à haute voix tous les dialogues.

10 avril. Chez Gilles.

On cause mariage aujourd'hui. Celui d'un des membres de la bande de La Brosse. Gilles a rempli son grand cahier A4 à couverture noire avec son éternel crayon gris à mine qu'il taille régulièrement – sans doute un peu trop. Il porte des lunettes (un mythe s'écroule) qu'il essuie régulièrement dans son tee-shirt – sans doute un peu trop. Ça doit permettre de réfléchir.

Il continue à jouer tous les rôles, lancé par les dialogues improvisés d'Ahmed. Gilles a écrit les grands moments de la séquence du mariage mais il faut faire les liaisons entre eux.

La veille, le casting d'*Astérix et Obélix : l'Empire du Milieu* a été annoncé. Gilles en Obélix et Guillaume Canet, également réalisateur, en Astérix : tout le monde est déjà au courant. Mais pas du reste de la distribution : Marion Cotillard, Vincent Cassel, José Garcia, Jonathan Cohen, Pierre Richard, Audrey Lamy, Bigflo et Oli, Jérôme Commandeur, Orelsan, Laura Felpin et… Zlatan Ibrahimovic. Entre autres. Les réseaux sociaux s'enflamment. Film de potes. Entre-soi de riches. Ça balance au lance-flammes. Fallait s'y attendre. Audrey et Ahmed en rajoutent dans la vanne piquante. Pas grave. Pour l'instant, la potion magique de Gilles, c'est *L'Amour ouf*.

19 avril. Chez Gilles.

Mise au point de toute la première partie avant de l'envoyer aux producteurs.

Polissage des dialogues. Chaque réplique est affinée, chaque mot est pesé.

Qu'on se rassure : ce n'est évidemment pas une version définitive.

Longue période pendant laquelle Gilles tourne *Astérix et Obélix* et *Fumer fait tousser*. Et puis les vacances. Et d'autres réunions de travail entre les trois.

28 janvier 2022. Dans les bureaux de Chi Fou Mi Productions, la société de Hugo Sélignac. Une pièce est spécialement allouée au trio de scénaristes.

Audrey est toujours à l'ordinateur. Gilles joue toujours les rôles. Ahmed lance toujours des idées.

Au mur, une ribambelle de Post-it sur lesquels sont inscrites les scènes du film : rose pour Jackie, bleu pour Clotaire. Genré. Bien rangé. Mais les scènes communes sont en Post-it jaune.

Rose : « Jackie ne veut pas que la fête s'arrête » ; « Jackie foncedée au petit matin » ; « Jackie se retrouve seule dans le tramway » ; « Hygiène rapide dans les toilettes chez Hertz »...

Bleu : « Clotaire sort de prison » ; « Retour au quartier, les temps changent » ; « BBQ sur le toit de l'immeuble. Le petit frère est très connecté » ; « Il y a trop de monde pour Clotaire. Il finit seul dans sa chambre »...

Jaune : « Bagarre » ; « Chorégraphie devant phares du parking » ; « Retrouvailles » ; « Dieu », « Choix » ; « Baise »...

2 février. Bureaux de Chi Fou Mi Productions.

Question du jour : comment montrer que Jeffrey, le mari de Jackie, est énervé et jaloux ?

Idée : une scène de carnaval – après tout on est à Dunkerque, ville célèbre pour son carnaval. Il y a du monde, les gens draguent, boivent, se touchent, se cachent... Bonne idée.

Le trio discute mais tourne en rond.

Conclusion de Gilles : « Une solution amène un problème qui entraîne une solution qui supprime le problème mais qui en fait apparaître un autre. »

Résumé à inscrire au fronton du monument aux scénaristes et aux écrivains inconnus.

La journée se clôt sur échange entre Audrey et Gilles :

« On a enfin la structure du film.

— Il faut maintenant écrire les dialogues. »

5 avril. Bureaux de Chi Fou Mi Productions.

Gilles pose sur la table ses cinq cahiers A4 et ses crayons gris. Les Post-it décorent toujours le mur mais il y en a moins. Il s'agit de rapprocher le scénario des trois heures plutôt que des trois heures trente.

Travail sur les dialogues. Quoi dire ? Comment ? À quel moment ? Gilles, à propos de la séquence 34 : « Pour l'instant, c'est du remplissage. On est capable de faire mieux. »

14 avril. Bureaux de Chi Fou Mi Productions.

Ça flotte un peu. Comme si tout était à refaire. Humeur légèrement maussade.

Gilles, qui bloque : « Si je n'arrive pas à écrire, c'est qu'il faut changer quelque chose. »

Audrey, qui revient aux fondamentaux : « Qu'est-ce qu'on a besoin de dire et envie de voir ? »

Discussion en vrac sur les motivations des uns et des autres. Pour un peu on croirait qu'ils en sont au début du début.

Après les vacances et la promo de *Kompromat* et de *Fumer fait tousser*, Gilles est parti tourner à l'automne en Islande le film de Thomas Bidegain, *Soudain seuls*.

24 novembre. Bureaux de Chi Fou Mi Productions.

Sur l'étagère, il y a maintenant une bonne dizaine de grands cahiers A4 que Gilles a noircis depuis trois ans.

Aujourd'hui, séance de coupe et de resserrage de vis à partir de la version 4 du scénario.

Gilles : « J'ai dégagé le prisonnier. On n'en a rien à foutre. » Qu'en termes galants, ces choses-là sont dites. Il s'agit des scènes dans la prison avec Clotaire. Il n'y en aura donc pas.

Hors de la pièce où l'on se trouve, ça commence à s'animer. La préproduction du film se met en place. Il faudra finaliser le casting et l'agenda des comédiens, définir les décors et les dates de tournage, demander les autorisations diverses, choisir les costumes, lister le matériel technique nécessaire. Etc.

Un départ pour Dunkerque est prévu dans quelques jours pour les repérages. Au programme : visite des écoles primaires, des collèges, des églises, des cités, du port, des docks, des terrains de foot, du site d'ArcelorMittal. Et d'autres lieux encore si on a le temps.

Le scénario, lui, est en phase de finition. La version 5 sera bouclée en janvier 2023. La version 7.2 – légère variante de la version 7 –, celle qui sera bientôt tournée, atterrira dans ma boîte mail le 29 avril 2023. 198 scènes en 186 pages. Globalement, le nombre de pages correspond au nombre de minutes d'un film. En l'occurrence trois heures.

Trois ans – plus ou moins et demi – après que Gilles Lellouche, Ahmed Hamidi, Audrey Diwan se sont mis sérieusement autour d'une table. Et dix-sept ans après l'aventure à la Villa Médicis.

Repérages

Jeudi 1er décembre 2022. Gare du Nord. Le train part dans cinq minutes. Sont présents sur le quai : Vincent Piant, directeur de production, Fabien Vergez, premier assistant réalisateur, Laurent Tangy, directeur de la photographie, Jean-Philippe Moreaux, chef décorateur.

Vincent, ce sont les yeux, la tête, les jambes et le portefeuille des producteurs. Si un euro est dépensé, c'est à lui qu'on le doit. Accessoirement, sauf pour lui, Vincent est un grand fan de heavy metal, ce qui ne cadre pas forcément avec son allure bien mise. Mais ce n'est pas le lieu pour des *a priori* foireux.

Fabien est celui qui organise le plan de travail quotidien de la mise en scène. Et pendant le tournage, il seconde Gilles. C'est un ancien prof de philo qui porte régulièrement un bonnet.

Surtout s'il fait beau ou s'il pleut ou s'il vente ou si rien.

Laurent est à la caméra et à la lumière, il cadre les plans, met en place les mouvements. Très proche de Gilles, il enregistre toutes ses demandes. « OK, d'accord » est son expression favorite. Effectivement, rien ne déborde et tout est au millimètre.

Jean-Philippe, comme son poste l'indique, s'occupe des décors. Sur ce film-là, il faut recréer différentes époques. Les parcmètres sont différents, les vitrines de magasin et l'intérieur des boîtes de nuit aussi. Y'a du boulot. C'est le plus réservé du groupe. Sérieux mais très souriant.

Le train part dans trois minutes. Gilles n'est pas encore arrivé. Personne ne panique. Vincent s'inquiète tout de même des horaires des trains suivants. Ça ferait des frais. Mais assez peu finalement au regard du budget du film de 33 millions d'euros. Fabien reçoit un texto de Gilles, son taxi arrive dans cinq minutes. Le temps de sortir et de courir… le train sera parti. Vincent va voir le contrôleur, lui explique la situation et lui demande de retarder le départ d'une minute. « D'accord, mais si c'est vraiment une minute. » Gilles arrive en courant. On saute dans la rame. Le cinéma peut tout, c'est même à ça qu'on le reconnaît. Et Vincent n'a pas eu à payer des billets supplémentaires. La minute de retard est avalée pendant le trajet. Arrivée à l'heure. SNCF, c'est possible.

« Les repérages, c'est le moment que je préfère, lance Gilles. Le film commence. Ça permet de caler l'image et de changer les choses si besoin en fonction des décors. »

Le roman se déroule à Ballyfermot, en banlieue de Dublin, « une jungle de béton », écrit Neville Thompson. Le chômage et la rue comme terrain de jeu. Si Gilles ne voulait pas son pendant exact, au moins fallait-il retrouver le même milieu ouvrier. Gueules noires, ciel gris et ambiance portuaire, toujours très cinégénique. Pas la peine de sortir de la cuisse des frères Lumière pour se rendre compte que les décors, plus encore dans un film sur différentes époques, donnent immédiatement le ton, la couleur, l'ambiance.

Un « repéreur » local a sélectionné les lieux à visiter. Sur sa liste : le port, des cités, des lycées, des écoles, des églises, des fermes, des bâtiments multifonctions. Comme la coopérative maritime de Dunkerque. L'immeuble est vide et peut servir à tout : bureaux, boîte de nuit, hangar… « Ça ne me dit rien », tranche Gilles. C'est clair, c'est rapide, personne ne conteste.

Choisir un décor, c'est évidemment dire oui au décor lui-même ; une condition nécessaire mais pas suffisante. Il faut que le lieu puisse accueillir les camions des équipes techniques, offrir un emplacement pour la cantine, s'ouvrir sur des perspectives intéressantes, permettre une circulation facile pour le matériel. Tout est possible bien sûr, même monter une caméra et vingt personnes sur un toit inaccessible, mais ça requiert du temps, ça pose des problèmes de sécurité, et dans ce cas-là, le directeur de production doit se demander si le jeu en vaut la chandelle.

Aujourd'hui, il n'en est pas question. Gilles fonctionne à l'instinct. Oui, non, peut-être. Il faut que les images qu'il a en tête correspondent au maximum à ce qu'il a sous les yeux.

On repart en voiture. La criée aux poissons et les entrepôts de vin subissent le même sort. On repart en voiture, encore. Sur la route, on longe une digue qui suit un canal. Les gens s'y promènent. Gilles filme avec son téléphone. « C'est bien, ça. Ça ferait un beau travelling. » Ce n'était pas prévu au programme. Résultat : il y a aura effectivement un plan sur une digue. Clotaire et Jackie en pleine course.

Arrivée chez ArcelorMittal à Dunkerque. Attendre au point de sécurité, barrière baissée. Présenter les pièces d'identité. Observer le garde au téléphone qui hoche la tête en nous regardant. Passer la barrière. Se garer là. Et pas là. Enfiler des gilets fluorescents. Suivre les instructions à la lettre. Et la voiture qui ouvre la route.

Cette usine sidérurgique est implantée dans la commune de Grande-Synthe et s'étend sur 750 hectares – 7,5 km^2. Le bruit est impressionnant. Les hauts-fourneaux crachent des nuages de feu. La poussière est partout. En l'air, par terre, entre les deux. Des locomotives traînent des dizaines de wagons. Parcs à charbon, aciéries, circuits de refroidissement, réchauf feurs de gaz, grues de déchargement, quais minéraliers, tuyaux, tapis roulants, bateaux à quai... Le personnel qui s'affaire paraît minuscule à côté de ces gigantesques masses. C'est terriblement cinématographique.

Une trouée entre deux bâtiments et des cheminées au loin font irrésistiblement penser à ce plan devenu mythique d'*Il était une fois en Amérique* de Sergio Leone : deux immeubles, l'un à droite, l'autre à gauche de l'image, créent une perspective fuyant vers le pont de Manhattan en arrière-plan. C'est d'ailleurs l'affiche du film. Quant aux gars qui arpentent l'usine, la gueule crasseuse, le corps lourd et le pas lent, ce sont les mêmes qu'on voit au début de *Voyage au bout de l'enfer* de Michael Cimino.

Il n'y a pas de hasard. Sans qu'il soit question d'imitation ou de mimétisme, Gilles est porté par la cinéphilie, essentiellement américaine, des années 70 et 80. Pendant les repérages, moment où le film commence à se fabriquer dans la tête du réalisateur, se mêlent les étapes nécessaires au scénario et un imaginaire nourri de mille films. Comme dans un fondu enchaîné. Ni *Il était une fois en Amérique* ni *Voyage au bout de l'enfer* ne se montreront explicitement dans les plans mais, comme d'autres, ils existeront en filigrane, en suspension, en écho plus ou moins lointain.

Si tout va bien, plusieurs séquences de *L'Amour ouf* seront tournées ici. Il faut encore que la direction donne son feu vert. Le tournage se ferait durant les semaines creuses du mois d'août. Gilles est sur son terrain de jeu. « Le casse va être là », « le plan du camion après la manif, ici », « quand Clotaire vient apporter la gamelle à son père, on peut le tourner là-bas », « le plan avec Clotaire et Jackie sur l'avant de la locomotive aussi ». À l'entendre, tout le film se déroule chez ArcelorMittal. Ce n'est évidemment pas le cas mais plusieurs séquences importantes, si. Notamment le braquage qui demandera plusieurs jours de tournage et qui, dans le scénario, est un moment pivot.

Le terrain de foot que l'on visite ensuite est, en comparaison, presque banal. De l'herbe et des buts. Il est bordé de maisons abandonnées. Au loin, derrière la route et le canal, se détache l'usine ArcelorMittal. Je n'avais rien remarqué avant de la voir de près, mais maintenant elle semble être partout. Le pays respire les hauts-fourneaux.

Le lendemain, visite de deux lycées, d'un collège, d'une école primaire, d'une cité, d'une rue sans mobilier urbain. Rien ne va. L'intérieur de l'école est labyrinthique, la cité est trop renfermée sur elle-même, l'agencement des couloirs et des salles de classe n'est pas satisfaisant. Mise au point pendant le déjeuner : il faudrait élargir les recherches à Roubaix et à Tourcoing. Et sans doute à Lille.

Après le repas, direction Wissant à une soixantaine de kilomètres à l'ouest de Dunkerque. Objet de la recherche : le repaire de La Brosse, le parrain local ; il y planque sa bande et ses butins. La mer est à quelques dizaines de mètres. Là-bas, c'est l'Angleterre. Les lieux ont de la gueule. Entre la Manche qui s'agite et les bâtiments de la ferme qui s'imposent, le contraste est saisissant. Mais c'est loin du camp de base, il y a peu d'hébergements alentour et les lieux ne sont pas assez grands. Dommage. J'aimais bien.

Résultat de ces deux jours : chou blanc et betteraves rouges. « Choisir, c'est renoncer », disait André Gide. Pendant les repérages, on renonce pour mieux choisir. Finalement, le lycée sera trouvé à Comines, la cité, à Béthune, la maison de Jackie, à Villeneuve-d'Ascq, l'hôpital, à Zuydcoote et la ferme de La Brosse, à Offekerque. Mais la direction d'ArcelorMittal donnera son accord pour tourner.

Vendredi 2 décembre, grève des trains. Retour à Paris en voiture. SNCF, c'est pas toujours possible.

Qui est qui

Il y a quelques jours avait lieu une séance de visionnage des essais filmés pour des rôles secondaires. Gilles a passé en revue les filles. Il a vite répondu. L'instinct a pris le dessus. « Oui », « non », « elle est jolie mais ça ne va pas », « OK, elle joue bien, on la garde »... Il en a retenu six. Maintenant, les garçons. Même processus. « Non », « pas mal » « lui est dans le rythme, c'est bien »... Quatre sont retenus. Gilles demande qu'ils passent des scènes précises pour évaluer « leur capacité de travail et de sérieux ».

Ce jeudi 19 janvier, c'est une autre paire de manches. Il s'agit de choisir le comédien qui jouera Clotaire adolescent. C'est le rôle qui compte le plus de jours de tournage, ce qui justifie l'importance du moment. Deux acteurs sont en lice. Paul Kircher et Malik Frikah.

Le premier a déjà été vu dans *Le Lycéen* de Christophe Honoré, sorti trois mois plus tôt. Au festival de Cannes qui aura lieu au mois de mai suivant, Paul Kircher fera l'unanimité en tête d'affiche du *Règne animal* de Thomas Cailley. Mais pour l'heure, personne n'a encore vu le film. Le second, Malik Frikah, est à peine comédien : il a joué Ficelle dans *Apaches* de Romain Quirot. Il se fait descendre dans les premières minutes du film. Autant dire qu'il est inconnu au cinéma. Mais pas en break dance : il a été champion du monde à 10 ans. Aujourd'hui il en a 16, et Paul, 21.

Les essais ont lieu dans les bureaux de Chi Fou Mi Productions. La pièce est vide à l'exception d'une table en verre et de quelques chaises. Les deux garçons vont jouer face à Mallory Wanecque, 17 ans, qui, semble-t-il, tient la corde pour jouer Jackie. Deux scènes : la rencontre entre Jackie et Clotaire et un échange au téléphone aux dialogues très crus.

Paul et Mallory commencent par la seconde scène. Ils sont assis l'un en face de l'autre. Ils se lancent. Seins, fesses, sexe. Baisers et caresses. Le début est chaotique, mal assuré. La scène n'est pas facile à jouer, surtout sans préparation ni mise en condition explicite. Le débit de parole est rapide. Comme si l'envie de s'en débarrasser prenait le dessus. Gilles s'adresse à Paul : « Prends ton temps, ressens ce que tu dis. Allez, on recommence. Écoutez-vous bien, il n'y a plus que vous au monde. C'est la première fois que vous vous livrez. Tu as confiance en lui. Tu as confiance en elle. » Ils y retournent. Deux, trois, quatre fois.

C'est maintenant la scène de la première rencontre entre Jackie et Clotaire. Un mélange de séduction et de vannes. L'attirance sous les insultes. Paul est adossé au mur, Mallory, au milieu de la pièce, face à lui. Gilles dirige les deux comédiens, les place, leur parle. Deux, trois quatre essais. « OK, j'ai ce qu'il me faut, merci. »

Quelques minutes plus tard, Malik vient remplacer Paul. Même schéma. Gilles les laisse choisir leur position. Malik et Mallory se sont assis par terre, dos au mur, regard devant eux. Scène de sexe. Toujours aussi difficile. Pour la scène de la rencontre, Malik s'assoit sur la table, Mallory est au centre de la pièce. Les remarques de Gilles sont à peu près les mêmes. Prendre son temps. Jouer ensemble.

Malik s'en va, Gilles retient Mallory. Il lui demande ce qu'elle pense des deux garçons. Elle hésite à répondre. Cherche ses mots. Se demande peut-être ce que Gilles voudrait qu'elle réponde. Gilles la sauve de cette situation périlleuse. « En tout cas, tu as le rôle. » Mallory sort de ses pensées.

« Qu'est-ce qui roule ?

— Non, je te dis que c'est toi qui as le rôle. »

Un temps. Un silence. Mille ans.

« Quoi ? c'est vrai ? » Elle sort de la pièce et se précipite dans les bras de son père en criant.

Pas de mauvais suspense. Si vous avez lu le premier chapitre, vous savez que Malik a été choisi. Gilles a réfléchi quelques jours avant de prendre sa décision. La qualité du jeu de Paul et de Malik n'a pas fait la différence. Paul prouvera de quoi il est capable dans *Le Règne animal*. Mais l'âge des comédiens a pesé dans la balance. Malik et Mallory sont plus proches à tous points de vue : le physique, l'allure, une façon de bouger, des petits morceaux d'adolescence encore collés dans les gestes, dans le regard. Ils vont mieux ensemble. Comme Jackie et Clotaire. Ça ne se discute pas. C'est là.

Un détail a aussi fait la différence – vous l'aurez peut-être remarqué. Pour la scène de la rencontre, Paul s'est adossé au mur tandis que Malik s'est assis sur la table. Dans le scénario, Clotaire est assis sur le capot d'une voiture. « Il s'est tout de suite mis dans la situation », avoue Gilles lorsqu'il m'explique son choix.

François Civil et Adèle Exarchopoulos sont déjà têtes d'affiche. Léa Seydoux a été évoquée un temps. Il y a longtemps. C'est lors du tournage de *Bac Nord*, de Cédric Jiménez, que Hugo Sélignac a eu la révélation. Une scène sur une terrasse avec Adèle,

François et Karim Leklou. Bière et barbecue entre les flics de la BAC marseillaise et la famille.

Karim Leklou prendra d'ailleurs le rôle du père de Clotaire dans *L'Amour ouf.* « Quand on a parlé du rôle, explique Gilles, Karim m'a rappelé une conversation entre lui et moi : on a eu les mêmes pères, des pères taiseux, des pères qui travaillaient, des hommes des années 70, assommés par leur boulot qui, le soir, s'affalaient devant la télévision. Mon père est un peu le père de Clotaire. »

Mais dans cette scène du barbecue, c'est surtout la complicité entre François et Adèle qui a frappé le producteur. Il en a parlé à Gilles, également présent dans la scène. Bon sang, mais c'est bien sûr. Parfois, le cinéma, ce n'est pas si compliqué.

Aujourd'hui, Gilles revendique qu'avoir vu Adèle et François si proches dans cette scène lui a donné envie de les faire jouer en couple. « Je me suis rendu compte qu'il y avait une sorte d'électricité qui passait entre les deux. Leur couple de personnages était évident. »

Qui dit vrai ? Tout le monde sans doute.

La légende s'écrit.

Plan B

Fabien Vergez, premier assistant réalisateur.

« Mon boulot ? Tour de contrôle sur le terrain. Essayer de comprendre où veut aller un metteur en scène et lui faciliter la tâche. Faire aussi attention à ce qui est possible en fonction du budget.

Cinq mois avant le début de la préparation, je fais une première étude pour définir ce que va être le film : le nombre de comédiens, leurs jours de tournage, les différents lieux, le temps qu'on va y passer en fonction du nombre de scènes, etc. C'est un boulot qui tient compte à la fois de l'artistique et de la logistique. Je le fais avec le directeur de production.

Ce film-là est particulier parce que, vu son ampleur et sa durée, tout est démultiplié. Quand j'ai commencé à bosser à l'automne 2022, Gilles tournait en Islande le film de Thomas Bidegain, *Soudain seuls*. On n'a donc pas eu le temps de discuter en détail de ce qu'il voulait. Au départ, nous sommes partis sur un film à la Ken Loach, anglais et minimal, en regroupant tout autour de Dunkerque. Ça ne lui a pas plu. On s'est remis en boulot. Gilles veut réaliser un film dans lequel le romanesque emporte tout : il y a des chorégraphies, de l'action, de la bagarre, des scènes d'amour, des scènes de comédie… En France, ce type de films n'existe pas, ou très peu. *L'Amour ouf* est un film ambitieux mais au service d'une histoire d'amour toute simple. Pas facile. C'est un challenge excitant.

Plus le tournage se rapproche, plus je vais rentrer dans les détails. Vous voulez un exemple ? Dans tous les films du monde, le premier assistant fait attention au fait que les premiers jours ne soient pas trop compliqués. Ils sont importants parce qu'ils donnent le *tempo*. Si ça merde, on est vite dans une ambiance pourrie. Il faut faire en sorte d'avoir envie de se retrouver le matin et que les équipes – techniques, déco, maquillage, coiffure, costume… – aient tout en tête.

Donc j'ai programmé les séquences en zone pavillonnaire où j'ai peu de comédiens et seulement deux décors : la maison de Jackie et de Jeffrey et celle de Jackie et de son père. Ça va durer presque trois semaines. Gilles tournera avec Adèle et Vincent (Lacoste) quasiment pendant toute la première semaine. Ensuite, il y aura Adèle et Alain (Chabat), puis Mallory et Alain.

Un autre exemple ? Il y a pas mal de scènes physiques, les bagarres notamment, et il faut des cascadeurs. On en a parlé avec Gilles bien avant le tournage :

"Malik est très bon. Il avance vite. Il n'aura pas besoin de doublure.

— Tant mieux, m'a répondu Gilles. Ce qui m'intéresse, c'est d'être le plus réaliste possible pour les bagarres de rue. Pour celle avec les gamins, il faut que ça soit un peu chaotique. Caméra épaule. Pour les ados, il faudra aller plus loin. Dans la scène du bar de nuit, Malik doit mettre un coup dans la tête du gars et du sang doit gicler.

— Je t'ai prévu deux cascadeurs.

— Faut voir avec Renzo [Laurent, le chef op] si on peut voir la scène dans le reflet de la fenêtre. Ce n'est pas filmé en frontal mais c'est très violent.

— On aura donc besoin de cascadeurs dans plusieurs scènes : la cité, la station essence, la boîte de nuit, la cabine téléphonique pour laquelle il faut prévoir un combiné en mousse et une vitre qui explose. Et aussi un cascadeur pour la séquence de la moissonneuse-batteuse…" [La déjà célèbre séquence de la moissonneuse-batteuse qui n'existera donc jamais…]

Quand c'est parti, il faut tenir dix-huit semaines, 14 heures à 15 heures par jour. Les week-ends, on travaille sur les semaines à venir. Le physique peut devenir un problème. Ça va être dur. Lorsque je bosse sur un tournage, je ne fais rien d'autre dans ma vie. Pas le temps. Mais j'aime ça. Si je compte les acteurs, les figurants et la technique, on a des journées à 70 personnes. Il faut que chacun sache ce qu'il doit faire et je dois m'en préoccuper. Gilles a beaucoup d'énergie sur le plateau même si parfois il est très impatient.

Puisque c'est un film d'époque, il ne faut pas oublier que la déco, c'est la guerre contre le temps. Je fais très attention aux exigences de l'équipe de Jean-Philippe pour respecter leurs délais de livraison. Il peut y avoir du retard.

J'ai des plans B pendant les premières semaines. Un plan B, c'est changer de décor s'il pleut et qu'on tourne à l'extérieur, c'est inverser des jours de tournage pour mille raisons : acteur malade, décor pas prêt… Plus le tournage avance, plus il est difficile de trouver des plans B puisqu'il y a de moins en moins de séquences à tourner. Mais je ne suis pas très inquiet. Le truc, c'est de savoir s'organiser. J'ai un frère qui travaille à la DGSE et je crois que dans la famille, on aime bien tout cadrer. »

Réunion de famille

Ils sont venus, ils sont tous là, même ceux du sud de la France. Aujourd'hui, 20 février 2024, réunion à 10 heures dans une grande salle des bureaux de Chi Fou Mi Productions avec Gilles et tous les chefs de poste – son, image, costumes, maquillage, etc. Les tables forment un grand carré pour que tout le monde puisse se voir. Au mur sont scotchés les photos, les plans, les dessins et les esquisses des différents décors. Cette pièce est le repaire de Jean-Philippe, le chef déco venu de Marseille. Une quinzaine de personnes sont installées, ordinateur ouvert, bouteille d'eau à portée de main.

Sur l'agenda de Gilles, la journée est entièrement prise par cette rencontre. Elle a son importance : il s'agit de dérouler tout le scénario et, en fonction des scènes, de répondre aux questions des uns et des autres de façon à limiter l'improvisation ou la perte de temps pendant le tournage.

Exemple : dans la scène de baston, est-ce qu'il y aura du sang ? Si oui, il faut plusieurs costumes. Précis et technique.

Ici, on est en plein cœur du réacteur de la préproduction d'un film – appelée préprod ou prépa, pour faire plus court. Et comme son nom l'indique, pendant la prépa, on prépare. Les repérages, le plan de travail, les autorisations de filmer, le casting, l'agenda des comédiens, la construction des décors, la confection des costumes, les répétitions des cascades, la location de matériel... Tout en sachant que le scénario n'est pas encore finalisé, sinon ce ne serait pas drôle.

Gilles arrive à 10 h 15, café à la main, lunettes sur le nez, visage fermé. Disons, pas forcément souriant. « C'est une première pour moi. » Il m'avouera plus tard qu'il n'aime pas du tout ce genre de réunions et qu'elles ne servent à rien. Tout de même. Ce sont bien sûr des questions qui peuvent se poser en tête à tête – d'ailleurs Gilles préfère, ça va plus vite, allez hop, je réponds et on passe à autre chose. Mais ici, chacun écoute l'autre. Tout dépend de tout. Et réciproquement. Un décor de boîte de nuit entraîne une prise de son et des lumières particulières, une scène dans un salon nécessite des meubles et des accessoires, un coup de vent et la coiffure est concernée quand un coup de poing oblige au maquillage – donc une bagarre sous une tempête de force 8 implique coiffure et maquillage.

Sans doute parce qu'il est acteur, et qu'il fut un ado bercé par la musique, Gilles est toujours dans le mouvement. Ce qui ne vaut pas forcément admiration et applaudissements puisqu'on peut bouger pour s'écraser contre un mur, voire une impasse. Mais il assume. Être assis sur une chaise, ce n'est pas trop son truc. On a le droit d'y voir aussi une façon d'être et d'appréhender la vie, l'amour, les vaches et le cinéma.

D'ailleurs, ses films traitent de ce sujet-là : *Narco* est l'histoire d'un type que la narcolepsie enferme dans un monde imaginaire dont il va essayer de sortir ; *Le Grand Bain* raconte des gars dépressifs qui décident de se bouger le maillot grâce à la natation synchronisée ; *L'Amour ouf* déploie de grandes ailes romanesques, sur vingt ans de passion amoureuse où un homme et une femme se cherchent dans mille directions, se perdent et se retrouvent.

Gilles s'éclaircit la voix et se désespère déjà des 180 pages à lire. « On est dans les codes du film de vengeance à l'américaine. Et ça commence par une fausse fin.

— Ah bon ? » s'étonne Isabelle Pannetier, la créatrice de costumes.

Il y en a qui n'ont pas lu le scénario…

Au fil des pages, Gilles éclaire ses intentions :

« Je voudrais essayer de traiter à la fois l'amour et la violence. Que le film soit chaud et froid, doux et âpre. »

« Là, on est en 1975 dans l'appartement de Clotaire, gamin. Ce sera sans doute filmé en plan-séquence : il faut montrer le bordel de la vie familiale, le poids du travail et la tendresse qui déborde. Un peu comme dans un film italien. »

« Ce film, c'est l'amour tout le temps et partout. Amour assumé, amour filial, amour frustré, amour trahi, amour amical, amour secret. »

« Les ados à la cascade : je veux être sous l'eau et filmer l'impact des sauts. Dans ce film, il faut partir du principe que tout est possible. Après, on voit ce qui peut être changé. Mais pas avant. »

« Benoît Poelvoorde joue La Brosse, le dealer facho. Il m'a dit qu'il allait préparer des chansons pour la séquence du mariage. Depuis, j'ai plus de nouvelles. »

« Pour les scènes de boîte de nuit, je veux du son direct. Pas de post-synchro. J'en ai marre de voir des gens qui font semblant de parler. »

« Pour les plans des gamins qui zonent, la référence, c'est *Outsiders* de Coppola. »

« Les gamins vont voler un disque des Cure chez le disquaire et se barrent en courant. Ambiance *Trainspotting.* »

« Le tramway en Belgique avec Jackie et Clotaire ados, debout sur le tampon entre deux rames : c'est le *Titanic* du pauvre. »

Les titres pleuvent comme à Gravelotte. La prépa en général, et ce type de réunion en particulier, est un drôle de mélange : à la fois théorique et très pratique. Théorique parce que le seul qui a les images en tête, c'est le réalisateur. Et il doit les partager, en tout cas trouver un langage commun avec ces chefs de poste. Ça passe par les mots qui dessinent un imaginaire peut-être pas encore très clair pour tout le monde. Pratique parce que ces chefs de poste ont les deux pieds sur terre et pas dans le même sabot. Les questions et les remarques sont pragmatiques, pointues, utiles. Gilles parle d'envies, d'amour, de films, de ligne artistique, de personnages et en face on lui répond taches de sang, modèle de flingue, lentilles de contact, mercurochrome, sièges de voiture, plaques d'immatriculation…

J'ai l'impression que les listes à la Prévert sont le lot commun de la prépa et du tournage. Il faut enquiller, dérouler, cocher, ne rien oublier. Surtout, une chose me frappe à écouter Gilles et son équipe qui sont à la fois sur la même longueur d'onde et dans des univers différents : réaliser un film, dans le sens de le concevoir dans son entièreté, de la page blanche au grand écran, c'est équilibrer constamment l'inspiration et le travail, la création et les mains dans le cambouis.

Je ne sais pas si l'un vient avant l'autre mais ils marchent ensemble.

Gilles a tort de penser que ces réunions ne servent à rien.

Autre ambiance un mois plus tard à Saint-Denis, en banlieue parisienne, dans les locaux de TSF, loueur de matériel de cinéma, caméras, éclairages, véhicules, machineries et tout le toutim. Gilles est plus à son aise, actif et décidé. C'est la journée des essais de mise en scène. Des plans un peu compliqués à régler qu'il vaut mieux mettre au point en amont pour ne pas être dans le jus au tournage. « Je dois vérifier les idées que j'ai eues. Je ne suis pas sûr qu'elles fonctionnent techniquement. »

On commence par la fumée. Où, quand, comment ? L'idée du plan : l'image est entièrement envahie de fumée ; un groupe de personnages avance et s'extrait du nuage. Une apparition quasi fantomatique. Des types revenus de l'enfer, Clotaire en tête. C'est Clint « Harry Callahan » Eastwood dans *Sudden Impact*. Ou quasi. Il apparaît en contre-jour, Magnum 44 à la main, l'ange des ténèbres et le bras vengeur. L'effet est réussi.

Pendant la matinée, Gilles tournera des plans fixes qui seront (sans doute) montés en rythme les uns à la suite des autres pour figurer une action qui se développe dans le temps et dont les simples images suffisent à la rendre compréhensible. Un classique du cinéma d'action. En l'occurrence : la séquence où Clotaire, à sa sortie de prison, reprend le business à son compte. Essai de lumière stroboscopique, plans sur des liasses de billets de 500 francs, posées à terre ou qui tombent sur le sol, avec ou sans fumée, avec ou sans neige carbonique. Différents cadres, fixes ou en mouvement, différentes valeurs. Les techniciens jouent les figurants si besoin. Gilles observe, note, cogite. Les White Stripes à fond.

Cette matinée avait des allures de petit lait en comparaison avec ce qu'il y a à faire l'après-midi. C'est la grande scène de « l'éclipse ». Il s'agit de fondre en surimpression deux travellings[1], un de gauche à droite, l'autre de droite à gauche, à hauteur du visage d'une dizaine de personnes regardant une éclipse ; l'un s'arrête sur le visage de Jackie, l'autre, sur celui de Clotaire. Problème : ces deux travellings ne seront pas tournés au même moment puisqu'ils se situent en deux lieux différents. Il faut donc qu'ils

---

1. Dans un travelling, la caméra est en mouvement, soit sur un rail, soit sur une dolly – sorte de chariot.

soient réalisés à la même vitesse avec exactement la même valeur de plan. Les rails de travelling sont installés dans le parking de TSF. Plusieurs essais sont nécessaires avant d'arriver, peut-être, au bon résultat. Les comédiens n'étant pas là, les techniciens présents les remplacent et vont aussi servir de figurants.

Simon Jacquet, le monteur, est dans une petite pièce avec son matériel. Il récupère les images tournées à l'instant, les monte, et va décider du sort de la séquence. Le verdict tombe rapidement : les deux travellings en fondu, ça ne marche pas. Brouillon. Illisible. Bizarre. En revanche, les visages de ceux qui « jouent » Clotaire et de Jackie apparaissent, l'un à droite, l'autre à gauche, pour s'équilibrer dans l'image : ça fonctionne. Gilles tape du poing sur la table. C'est qu'il est content.

Essai suivant. Les mouvements de caméra pour la scène du tribunal : un brusque panoramique qui s'arrête sur un visage et, dans le même mouvement, un travelling arrière très rapide. Tous les personnages principaux du film ayant droit à ce traitement, Gilles utilise plusieurs personnes présentes ce jour : débout, assis, corpulent, mince, fille, garçon, barbu, chauve, maquillée. J'ai eu droit à mon plan. Mais il n'a pas été gardé au montage malgré les félicitations du metteur en scène. Très déçu.

Essai suivant. La caméra est fixée sur un casque pour un plan subjectif. C'est Samuel, dit Boubou, le deuxième assistant opérateur, qui joue le Clotaire du jour : il monte dans la voiture, se met au volant, suit un autre véhicule, le tamponne par l'arrière, l'envoie valdinguer. Puis il sort et ouvre le coffre de la caisse accidentée… C'est l'idée de toute la séquence – qui ne sera évidemment pas filmée aujourd'hui. Et pas forcément en plan-séquence ni dans sa longueur. Il faut juste vérifier si la (petite) caméra attachée au casque donne des images suffisamment bonnes. En plein jour, c'est le cas. Mais ce sera une scène de nuit, alors… Suspense.

Si vous voulez tout savoir : ça va bien fonctionner mais ce ne sera pas un plan-séquence.

Dernière étape de la journée, visite des ateliers de construction des décors. Le magasin de location de voitures, qui servira aux premiers plans du jour 1, le 9 mai à Lille, est quasi terminé. Murs gris, comptoir jaune. La partie arrière est amovible de façon à pouvoir installer la caméra et filmer les clients qui entrent. Dans une petite pièce attenante est installé un lavabo. Ici sera tournée la scène où Jackie, de retour d'une nuit passée à danser, visage défraîchi et cernes en valises, commence sa journée de travail et rencontre Jeffrey. Jean-Philippe fait aussi visiter la cabine téléphonique à pièces des années 80. Porte coulissante, combiné noir, cadran à chiffres. On s'y croirait. Dans un mois, ces deux décors seront transportés à Lille par camion.

C'est tout pour aujourd'hui.

Faire entrer un carré dans un rond

Lundi 17 avril. Bureau de Chi Fou Mi Productions.

Dans *Apollo 13* de Ron Howard (1995), l'histoire d'un vol spatial américain à deux doigts de virer à la catastrophe, l'immense Ed Harris, directeur de vol, demande l'impossible à ses équipes de Houston pour réparer à distance l'engin en perdition et sauver les astronautes en galère : « Trouvez un moyen de faire entrer un truc carré dans un trou rond. » On en est à peu près là.

À moins d'un mois du début du tournage, Gilles est entre deux chaises. J'ai en face de moi un homme qui s'affaire chaque jour à inventer son film idéal et qui se confronte à mille choses terre à terre.

« Ne crois pas que tout est maîtrisé. Je commence à avoir la trouille, mais ma trouille est bien moindre que mon excitation.

J'ai hâte que le tournage commence pour voir si ce que j'imagine depuis tant d'années va être intelligible et digeste. Je n'en ai pas la certitude pour l'instant.

Régulièrement, quand je suis au bureau en train de travailler au découpage du film[1], des images de scènes me viennent à l'esprit. J'en intègre certaines en théorie alors que d'autres doivent se confronter à la réalité du tournage.

Il faudrait que je sois au bureau à 7 heures du matin, que je reparte à minuit, et que je découpe toute la journée pour tout cadrer mais ça n'aurait aucun sens parce qu'un matin, je vais arriver sur le plateau et Alain Chabat va me dire que, contrairement à ce que j'avais imaginé, il préférerait se mettre là plutôt que s'asseoir ici. Je suis bien placé pour savoir que dans ces cas-là, les acteurs ont souvent raison.

Parmi les réflexions de ceux qui ont lu le scénario, il y a un point commun : "Ça transpire le cinéma." J'en suis heureux car c'est exactement pour cette raison que je veux réaliser des films. Pour moi, le cinéma n'est ni un passe-temps, ni un hobby, ni une coquetterie. Réaliser un film, c'est livrer une

1. Le découpage définit, scène par scène, la place et les mouvements éventuels de la caméra, l'axe de prise de vue, la position des comédiens etc.

part de soi. Déguisée, certes, mais une part de soi quand même.

Le succès du *Grand Bain* m'a permis de réaliser *L'Amour ouf*. Mais deux semaines avant de tourner le film, je ne dormais plus parce que je n'avais pas touché une caméra depuis presque quinze ans. Je ne savais pas si j'allais réussir à gérer les *ego* des équipes et des comédiens et mettre en scène un film qui ne soit pas ridicule. Je flippais mais je me suis senti à ma place dès le premier jour de tournage. J'espère être dans le même état d'esprit au mois de mai pour *L'Amour ouf*.

Certains films partent bien, d'autres, moyennement bien, d'autres, très mal. Et quand ça part mal, la plupart du temps, ça arrive mal. Tout sera lié aux choix, bons ou mauvais, que j'imposerai. C'est une pression supplémentaire.

Quand a eu lieu la réunion avec les chefs de poste, j'étais mal à l'aise. Je les sais tous bienveillants avec moi mais parler devant quarante personnes m'intimide. C'est aussi étrange qu'inexplicable, je le reconnais. Parce que tout le monde me pose des questions, c'est un moment trop concret pour moi. Ça me soustrait de mon rêve dans lequel j'ai besoin de rester.

Je ne sais pas comment sera le film au final. Je ne sais pas comment on va le tourner. Je ne sais pas comment on va vivre le tournage mais je voudrais que ça soit tout le temps exaltant, joyeux, enivrant. Je sais juste que ça va être épuisant. »

Et puis, il y a le casting. J'imagine que c'est compliqué pour les cinéastes de choisir les bons comédiens pour les bons personnages. Un mélange d'envies, d'intuitions, de prises de risque.

« Pendant le tournage de *Thérèse Desqueyroux*, raconte Gilles, Claude Miller, le réalisateur, m'avait dit que la direction d'acteur se faisait au casting. Il avait raison. Donc, comme pour *Le Grand Bain*, je n'ai pas vraiment pensé à des acteurs ou à des actrices en écrivant *L'Amour ouf*. Ce n'est qu'une fois le scénario fini que j'ai imaginé les meilleurs pour chaque personnage. C'est plus ou moins l'école américaine. Les metteurs en scène ne dirigent quasiment pas les acteurs qui viennent chargés de tout ce qu'ils ont préparé sur le personnage. »

Benoît Poelvoorde ne se trompait pas tout à fait sur ce qui a poussé Gilles à lui donner le rôle… mais ce n'est pas que cela : « C'est mon pote, il m'a fait lire le roman. Et j'ai toujours pensé qu'il ferait un formidable méchant. Benoît possède un truc de dandy cynique que je voulais filmer. Je vais lui raser les cheveux, il va faire un magnifique facho. » Finalement, Benoît aura les cheveux en brosse.

Gilles a voulu donner à Vincent Lacoste le rôle d'un homme en colère, jaloux, amoureux, loin de ses rôles d'adulescent. Élodie Bouchez est une actrice merveilleuse qui a disparu un temps des écrans et qui revient en force aujourd'hui. En femme désireuse d'adopter un enfant dans *Pupille*, elle a bouleversé Gilles. Difficile de rester insensible effectivement. Alain Chabat est le « père idéal qui incarne la tendresse, la bienveillance, l'humour ». Raphaël Quenard, c'est la surprise du moment. Venu de nulle part. Ou plutôt si : de l'Assemblée nationale où il fut un temps assistant parlementaire. Il est donc capable de tout. Et Gilles pourra le vérifier, parfois à ses dépens, dans quelques scènes. Jean-Pascal Zadi, lui, est « un acteur merveilleux à la personnalité étonnante : une grande candeur et les pieds sur terre. Drôle de mélange ». Enfin Anthony Bajon dans le rôle du fils de La Brosse à l'âge adulte. Comédien si juste qu'il ne donne jamais l'air de forcer son talent. On ne le voit pas assez au cinéma à mon humble avis. Et à celui de Gilles : « Talent monstre. Je suis heureux qu'il ait accepté ce petit rôle. »

Adèle Exarchopoulos (Jackie), François Civil (Clotaire), Karim Leklou (le père de Clotaire), Benoît Poelvoorde (La Brosse) et tous les autres vont aider Gilles à faire entrer un carré dans un rond ; c'est ce à quoi s'apparente parfois la fabrication d'un film. Mais Gilles connaît déjà la chanson.

Au tout début du *Grand Bain*, Mathieu Amalric, en voix off, fait état de cette contradiction géométrique essentielle en 3D qui sert de métaphore aux trajectoires de nos vies et que le film va s'échiner à mettre en pièces : « Un carré ne rentrera jamais dans un rond. Jamais. »

Si, parfois. Mais il faut y croire. Comme à l'amour.

La ronde des désirs *vs* la carrure de la réalité.

Ultimes essais

Le PSU-4 est « le système d'assistance vidéo puissant, compact et élégant de Vantage. Offrant une gamme étonnante de fonctionnalités, le PSU-4 exprime la philosophie Vantage d'une conception ingénieuse et soigneusement pensée et d'une construction à l'épreuve des balles ».

Ça, c'est la pub du constructeur qui présente son matériel avec enthousiasme. Plus simplement, le PSU-4 est une sorte d'ordinateur portable en forme de grosse boîte parallélépipédique contenant l'entièreté d'un film – qu'il est apparemment possible d'emporter sur une zone de guerre.

Rien de tel ici puisque les balles seront à blanc. Ce PSU-4-là va emmagasiner les dizaines d'heures d'images du film de Gilles consultables d'une seule pression de doigt sur un écran tactile. Un joli bébé grâce auquel il est possible de regarder une prise particulière, une seule seconde ou dix minutes de film de n'importe quel jour à n'importe quelle heure en connexion internet. C'est la fonction la plus basique. Je vous passe le reste. Mais selon Vincent Piant, le « dir prod », c'est le *nec plus ultra* de l'outillage du moment.

Pendant le tournage, Gilles s'installera face à l'écran du PSU-4 pour regarder chaque prise, pendant que les comédiens, eux, seront face à la caméra.

Ce PSU-4 trône en majesté dans un studio d'Ivry, au sud de Paris, où ont lieu les essais avec les comédiens, jeudi 4 mai. Dans cinq jours, (presque) tout le monde sera à Lille pour le premier plan du premier jour de *L'Amour ouf*. Il y a une semaine, l'humeur était toujours à la pré-prod – dossiers à régler, matériel à louer, valises à boucler. Gilles, Adèle et François s'installaient dans le bureau de la production pour des séances de lecture. Chaque dialogue était avalé, mâché, expulsé afin de se rendre compte si la mise en bouche était optimale ou s'il fallait changer un mot, une phrase, trois consonnes, deux voyelles.

François a déjà le crâne rasé de Clotaire. Il propose de lire les didascalies du scénario. Tente une phrase à plusieurs vitesses : « C'est fini », « C'estfini », « C'est fi ni »…

Adèle se coule en Jackie et Gilles interprète les autres rôles. Dans la rue, les gars du chantier de l'immeuble d'en face ont mis à fond la radio d'où sort la chanson *Ella, elle l'a* de France Gall. Elle a surtout le don d'agacer Gilles qui ferme la fenêtre et demande de tout reprendre depuis le début. Chaque scène est répétée, reprise, évaluée : tons différents, regards différents, gestes différents, débits différents. Jusqu'à la scène (émouvante et presque finale) des 457 mots, dont on ne dira rien ici. Tout juste si François se permet un : « J'ai envie de chialer. »

Gilles : « Ce sont vos retrouvailles. Vous êtes en état de choc. C'est votre moment. À vous de sentir le truc. Prenez le temps que vous voulez pour le jouer. Deux heures si vous voulez. » Ce sera un peu moins.

Le téléphone de Gilles sonne, il quitte la pièce. Adèle et François décident de se frotter à quelques scènes entre Jackie et Clotaire, jeunes, c'est-à-dire entre Mallory et Malik. Pour voir. Pour entendre. Après tout, ce sont eux aussi.

François : « Ils vont nous mettre des bases. » Comprendre : « Ils seront mieux que nous. » Chacun appréciera. Adèle et François se lancent dans la scène de sexe, celle des dialogues crus au téléphone, la même que pendant le casting entre Mallory et Malik.

Les deux couples se verront très peu : ce jeudi 4 justement, quelques moments de répétition des chorégraphies à Marseille, et le dernier jour de tournage en septembre. Les quatre comédiens sont installés dans un grand salon de maquillage. Il faut ajuster les coiffures, la couleur des cheveux et des yeux de Jackie, la cicatrice de Clotaire. Essayer les costumes. Les deux couples doivent évidemment se ressembler. Les deux Clotaire, assis dos à dos, se regardent dans leur miroir respectif qui renvoie leur image à l'infini.

Dans une autre pièce, Gilles observe sur l'écran du PSU-4 les plans tournés la veille dans les champs de colza.

Les comédiens qui se transforment petit à petit en leur personnage, les techniciens qui prennent peu à peu leurs marques, un réalisateur qui commence à construire son film ; et tout à coup, ça existe.

Il est temps de partir à Lille.

Premiers jours

Maintenant, c'est autre chose. Une vie en autarcie pendant dix-huit semaines pour toute l'équipe technique. Les comédiens, eux, vont et viennent en fonction de leurs journées de travail. Ils ressemblent à ces messagers qui apportent des nouvelles du monde extérieur, comme dans le théâtre classique où les événements racontés sont circonscrits au plateau. Ce n'est pas un hasard si au cinéma il est question de plateau de tournage.

C'est un endroit hors du temps et de l'espace. Il n'y est pas la même heure que dans le monde extérieur et le monde extérieur lui-même y est recréé – la scène qui va se jouer aujourd'hui se déroule à 9 heures dans le film, elle sera tournée à 12 h 41 ; le local de location de voitures qui tient lieu de décor du jour est planté au milieu de la place François-Mitterrand de Lille et disparaîtra le soir même.

Le plateau de tournage est à la fois un vase clos et un vase communicant. Selon les jours, ça penche plus d'un côté que de l'autre. C'est un ensemble de codes, de rituels, de hiérarchies. Le metteur en scène y est le patron mais, on l'a dit, rien ne se met en tableau Excel ni en équation. Les perturbations peuvent venir de partout : du ciel ou de la route, d'un geste maladroit, d'un acteur en roue libre ou d'un costume mal ajusté. Elles sont même désirées dans la plupart des cas tant le film qui se crée en mille morceaux a souvent besoin d'être secoué pour rester en éveil.

J'ai assisté à des dizaines de journées de tournage pour des reportages ici ou là. Elles sont minutieusement choisies par la production et le service de presse. Les scènes afférentes sont bordées : ce sont souvent des scènes de comédie dialoguées mettant en lumière des acteurs assis à table, accoudés au comptoir ou face à un médecin. Ce n'est d'ailleurs pas un reproche, juste le constat d'une tendance, peut-être naturelle, en tout cas compréhensible, à contrôler la machine.

Ce ne sera pas le cas ici. Le tournage m'était ouvert à volonté, sans restriction, et j'y ai passé une trentaine de jours – un tiers du temps total – en fonction de la présence de tel ou tel comédien, du type de scènes et des lieux de décor. Tout peut arriver. D'ailleurs, pendant ce premier jour, le 9 mai, il n'est rien arrivé.

J'exagère un peu. Il s'est juste passé ce qui devait se passer.

Il pleut sur Lille ce jour-là. Un petit crachin breton venu agacer le Nord. La place François-Mitterrand est située au pied de la gare Lille Europe. Un escalier roulant déverse les voyageurs qui souvent s'attardent quelques minutes pour observer ce qui se passe derrière les rubans rouge et blanc délimitant le tournage. Ils se demandent surtout quelle est cette boîte de l'autre côté de la place qui n'était pas là les jours précédents. Ça surprend. La boîte est le décor, construit par les équipes de Jean-Philippe, vu à Aubervilliers il y a une semaine.

Horaires prévus : 12 h 00 – 19 h 30. Pause repas : 11 h 00 – 12 h 00. PAT : 12 h 00 pour Adèle et Esther Archambault, 13 h 30 pour Vincent. Accessoires indiqués sur la feuille de service : « Trousse maquillage Jackie (prévoir make-up/jeu trousse), sac à main Jackie, badges Hertz équipe, comptoir Hertz/fournitures, organigramme Hertz (avec photos), parapluie Jeffrey + parapluies figuration. » Chanson du jour : *Shut Em Down* de Public Enemy. Pour chaque journée, un titre différent choisi par Gilles.

Tout l'espace est réservé au tournage et les voies de circulation au-dessus de nos têtes protègent de la bruine. Il est prévu des lances à incendie pour figurer une pluie battante. Les contrats de travail de l'équipe circulent : signature obligatoire. Le contrat est renouvelé chaque semaine, c'est ainsi depuis la nuit des temps cinématographique. Depuis 1895 au moins, en tout cas.

Gilles attend que tout se mette en place. Il tourne et retourne – physiquement s'entend. Un animal impatient en cage. Hugo et Alain, les producteurs, sont venus soutenir « leur » réalisateur. Ils ont tenu à s'adresser à toute l'équipe en quelques mots inscrits sur la feuille de service : « Ça y est, nous y voilà !!! Seize ans qu'on attend ce moment, de pouvoir accompagner notre Gillou, notre frère au paradis de *L'Amour ouf* !!! Ce titre est tellement représentatif de ce que l'on ressent pour notre réalisateur, un Amour immense, incommensurable, infini, pour l'homme, son talent, ses dialogues, sa drôlerie, son inspiration et son humanité !!! » L'enthousiasme sincère dont ils font preuve vaut bien quelques points d'exclamation supplémentaires.

Pour le premier plan du jour, Adèle se rafraîchit le visage au lavabo attenant au comptoir de location, son lieu de travail. Dans le film, c'est le début de la seconde partie avec Adèle et François dans les pompes de Jackie et de Clotaire. Jackie a dansé toute la nuit, elle est passée chez elle se reposer quelques minutes et elle enchaîne avec le boulot. Elle a la tête des mauvais jours, les cernes sous les yeux et le regard avachi. Une prise, deux prises. OK. Plan suivant sur le robinet d'eau vers lequel s'approche Adèle. Deux prises. Même punition pour le plan suivant sur le visage d'Adèle.

« Tu ne fais rien, tu ne penses à rien, lance Gilles.

— T'inquiète, dans ma tête, c'est le néant et les petits oiseaux. »

Une méthode de travail et de jeu comme une autre.

En attendant Vincent Lacoste qui joue Jeffrey, le futur mari de Jackie, Gilles décide de filmer le décor de loin – au niveau de l'escalier roulant. Avec quelques figurants, des parapluies et un vélo. Il prévoit trois valeurs de plans fixes dans le même axe. Vous voyez le problème venir ?

« Ça va être compliqué d'être raccord avec les figurants si tu veux monter les trois plans, s'inquiète Fabien Vergez, le premier assistant réalisateur.

— C'est pas grave, on cherche. »

Il ne trouvera pas vraiment : les plans ne seront pas montés.

Pendant le reste de la journée, Gilles tourne les plans avec Adèle et Vincent, lors desquels Jackie se fait virer par Jeffrey. Différents axes de caméras, de valeurs de plans, un peu d'Adèle seule, un peu de Vincent seul, un peu ensemble.

Pause (quotidienne) sandwichs à 16 h 40. NB : vraiment faire gaffe à la prise de poids.

18 h 52, fin de journée. 38 minutes d'avance. Fabien avait bien préparé le terrain : les premiers jours doivent se dérouler sans encombre – ou le moins possible.

Hôtels ou (co)locations, chacun reste à Lille pour toute la durée du tournage. Ou à Dunkerque quand les équipes s'y rendront en août. Là-bas, l'équipe machino choisira de loger au camping dans des bungalows pour profiter des barbecues.

Le lendemain, l'équipe se retrouve à 10 heures sur le lieu de tournage : la Cité scientifique de Villeneuve d'Ascq qui compte plusieurs sections dont l'informatique, les mathématiques, la mécanique et la géographie, sans oublier le resto U. Ce qui n'a aucune importance ici. L'essentiel est la rue en ligne droite qui mène aux différents bâtiments. Une rue comme tant d'autres mais sans aucune circulation, ou quasi, donc facile à bloquer – d'où le choix de l'endroit, en plus de la facilité à garer une dizaine de camions et de loges. Des contraintes à prendre systématiquement en compte. Si le gros de l'équipe est convoqué à 10 heures, d'autres membres – régie, maquillage, coiffure – arrivent une à deux heures plus tôt.

Ce n'est pas si courant dans un plan de tournage mais cette séquence, dans le film, se situe juste après celle tournée hier : dans sa voiture, Jeffrey suit Jackie, qu'il vient de virer, et la drague ostensiblement. Jackie marche sous la pluie et, devant l'insistance un peu lourde de Jeffrey, se change à la vue de tout le monde, quitte son uniforme et enfile une jupe. Rien de bien compliqué aujourd'hui non plus. Sauf pour Adèle qui devra se déshabiller plusieurs fois – il pleut, elle se retrouve quelques instants en sous-vêtements, elle doit donner la réplique dans une situation qui n'est pas des plus simples. Son calvaire se termine après une bonne dizaine de prises sous plusieurs angles.

Ah, non. C'était compter sans le photographe de plateau, Cédric, qui montre à Gilles, sur son appareil, un axe que le réalisateur n'avait pas envisagé. Résultat : deux déshabillages supplémentaires auxquels se prête Adèle sans problème après que Gilles, un peu penaud, est venu lui demander si elle pouvait continuer. « Mais oui, t'inquiète, c'est cool. »

À la suite de ce défilé de mode revisité, Gilles demande des applaudissements pour Adèle. Ils sont nourris et sincères.

Pour le reste, il faut savoir qu'une Saab 900 – commercialisée dans sa version classique entre 1978 et 1994 – est difficile à trouver, surtout en bon état. Le responsable des voitures a dû passer par trois collectionneurs pour la dénicher. Trois mois de recherche. Il a tout de même fallu changer le lecteur CD par un lecteur de cassettes correspondant à l'époque du film.

Choses vues et apprises aujourd'hui :

Un des membres de l'équipe ressemble à Georges Lautner en plus petit.

Il est possible de démonter entièrement un panneau publicitaire et de le remettre en place, surtout si on s'appelle Manu l'accessoiriste à qui rien ne résiste.

Un des figurants ressemblait à Matt Damon en début de journée avant que je me rende compte, en fin de journée, qu'il ressemblait plutôt à Andrew Garfield, un des nombreux Spiderman au cinéma. Ces deux comédiens ne se ressemblent en fait pas du tout. Petit bug personnel.

J'apprends, en entendant par hasard une conversation au téléphone, que Gilles discute avec son monteur, Simon, resté à Paris. Quand je disais qu'il fallait laisser traîner les oreilles… Habituellement le montage se fait une fois le tournage fini. Mais le timing de *L'Amour ouf* est serré puisque la production veut proposer le film à la sélection cannoise. Impossible de commencer en septembre le montage d'un film censé durer trois heures, si Gilles veut être prêt à temps. NB : penser à rapidement rendre visite au monteur.

Jeudi 11 mai. Villeneuve d'Ascq, quartier résidentiel Brigode. Familles aisées. Ici se tient la maison de Jeffrey et de Jackie. Autorisation a été demandée à l'association des propriétaires de pouvoir tourner.

Horaire : 16 h 00 – 1 h 00. Ce qu'on appelle une journée « mixte » – un peu de jour, un peu de nuit. Au fur et à mesure des semaines qui passent, les horaires changent régulièrement et cassent plus le physique que le moral.

Scènes du jour : Jeffrey et Jackie accueillent des amis, Jeffrey et Jackie font l'amour, Jeffrey et Jackie se font la gueule. Humeurs différentes, donc. Quasi la routine pour des comédiens de ce niveau.

Fabrice suit la mise en place. Aujourd'hui, il porte un bonnet vert, hier il était noir.

La déco du séjour a été refaite du sol au plafond. Meubles et rideaux années 80. Des cassettes VHS sont rangées sur une étagère : *Dangereusement vôtre* avec Moore, Roger Moore, *Ultime combat*, un bon gros nanard, *Invasion U.S.A.* avec Chuck Norris… Gilles demande d'aller acheter un gros gâteau crémeux et un jeu de Uno. Puis il se plante devant la baie vitrée, arrosée par la pluie.

« On change tout. Comme premier plan, je voudrais un travelling dehors. »

Fabrice regarde l'appli météo sur son portable pour savoir jusqu'à quand il pleut et soudain relève la tête, frappé par une évidence. Il interroge Gilles :

« Mais c'est quelle séquence ?

— On invente. C'est nouveau. »

Hier, la journée s'est terminée avec deux heures de retard – heures supplémentaires potentiellement à payer. Fabien va tout faire pour en rattraper une aujourd'hui.

Jackie et Jeffrey dansent un slow dans le salon, leurs amis discutent sur le canapé, ils sont filmés de l'extérieur.

Changement de plan. Le gâteau vient d'arriver. Fraise et chantilly au programme. Et tout se bouscule. La voisine débarque et demande si elle peut faire une photo avec Vincent Lacoste. C'est le mari qui s'y colle. Un micro est installé dans le plafonnier. C'est le second assistant son qui s'y colle, un grand gars qui répond au prénom de Simbad. Je n'y crois pas ! Simbad ? Le héros marin des *Mille et une nuits* ! C'est le premier Simbad que je rencontre. Il faut fêter ça : champagne ! Mais pas d'alcool sur un tournage. D'ailleurs, Manu m'apprend que du faux champagne est difficile à faire : le Canada Dry s'en approche le plus, ou du jus de pomme sucré qui devient vite écœurant.

Troisième jour de tournage. Il est temps de faire le point (improvisé) avec Gilles qui attend sur le canapé que tout se mette en place.

« Il part bien, ce tournage. C'est important. Je sais qu'il y aura des galères et des ratages. Les séquences d'aujourd'hui sont un peu laborieuses à faire : il faut raconter la relation entre Jackie et Jeffrey. Leur quotidien. Des choses de la vie. Ça demande donc des ruptures de rythme avec ce qu'il y a avant et après. C'est un film de trois heures tout de même ! Bon, je dis ça, je n'ai jamais réalisé un film de trois heures. Mais c'est ce que j'imagine. D'où mon envie de changer ce qui est prévu. Comme ce travelling sous la pluie auquel je n'avais pas pensé. Je ne sais pas si c'est bien mais je suis content d'avoir imaginé quelque chose qui n'était pas prévu. »

Les séquences s'enchaînent. La scène de sexe se transforme en comédie – à voir sur grand écran. La journée se termine avec une heure d'avance. Il est minuit. En partant, Gilles récupère le jeu de Uno. Adèle, Vincent et lui joueront jusqu'à 2 heures du matin. Et régulièrement pendant les longues semaines du tournage. Mais il y aura des discussions intenses sur les règles du jeu.

Monsieur Nul

Alain Chabat porte merveilleusement la perruque. Ce mardi 23 mai, c'est son sixième jour de tournage sur neuf. Il joue le père de Jackie à trois époques : quand elle a 6 ans, 15 ans et 25 ans. Des effets spéciaux lui enlèveront quelques années mais pour les cheveux, rien ne vaut la bonne vieille méthode du postiche – couleur jais ou quasi.

Les scènes du jour ont lieu à Villeneuve d'Ascq dans un quartier résidentiel proche de celui où « habitent » Jackie et Jeffrey. Le pavillon est celui de « Papa Jackie ». Il n'a pas de prénom mais il a un métier : réparateur de télés et d'appareils afférents, notamment, dans les années 80, le décodeur Canal +. Il faut évidemment y voir un clin d'œil à un acteur-animateur-réalisateur-scénariste plus ou moins « Nul » qui a secoué, avec Bruno Carette, Chantal Lauby et Dominique Farrugia, le paysage audiovisuel français en général et inventé une nouvelle télé en particulier. Sans oublier le soufflet qu'il a mis dans le cornet d'Astérix et Obélix, avec sa *Mission Cléopâtre*, film fantastix et indispensix.

Tout ça pour dire que voir Alain Chabat, ici, en chair et en os, ce n'est pas tout à fait comme aller acheter son beurre au magasin du coin. Y'a un petit quelque chose. Même un gros. Sans être midinette une seule seconde, je dois reconnaître qu'être confronté à une des figures de son imaginaire personnel est toujours troublant. La mythologie du cinéma fonctionne ainsi : mélange d'identification au réel et d'usine à rêves.

Si j'observe bien Alain Chabat, il a deux pieds, deux jambes, deux bras, et le reste à l'avenant, fabriqué pareil que tout le monde, et pourtant il trimballe autre chose : tout ce qu'il a vécu et tout ce qu'il m'a fait vivre – tout ce qu'il *nous* a fait vivre. Je vois bien qu'une partie de l'équipe technique ne se comporte pas avec lui comme elle se comporte avec d'autres comédiens. Il y a du respect, sans doute de la fascination et un plaisir certain à le côtoyer comme un égal sur un lieu de travail. Alain Chabat doit être habitué, peut-être agacé, peut-être touché, de sentir ces regards posés sur lui qui semblent demander de lui en taper cinq pour faire ami-ami pour la vie.

Il est très attentif à ce qu'il doit faire mais aussi discret et en retrait. Ni dans une tour d'ivoire, ni dans la gaudriole systématique. Mais toujours amical. L'aborder n'est pas si facile, partant du principe que je ne serai jamais aussi drôle que lui. Le gars a tout de même inventé la repartie fulgurante et définitive dans n'importe quelle situation. Respect éternel.

Vu son CV, je l'imagine jouer les doigts dans le nez (c'est une image). Pas du tout. Il vérifie son jeu à chaque prise. Inquiet, il en demande souvent une autre. Pour ajouter un truc. Une intonation. Un silence. Un geste. Gilles laisse faire : « OK, on en fait une dernière pour le plaisir mais on l'a. » Je ne suis pas sûr que pour Alain Chabat, ce soit tout le temps du plaisir.

À l'instant, il est dans son atelier de réparation aménagé dans son garage, entouré d'une dizaine de postes de télévision, un fer à souder à la main. Tout à l'heure, il sera dans la cuisine et s'étonnera de la disparition des Flamby et d'un téléphone qui ne sonne que deux fois. Deux séquences avec Mallory. Tout se fait dans le calme.

Parfois, le naturel revient au galop quand il lance à Gilles : « J'espère que tu as remarqué que je suis force de proposition. Cette fois je pourrai fumer ? Ou manger une pomme peut-être ? » Ça l'amuse. Il sourit.

Trois jours plus tard, en quittant le plateau, il inscrira un mot sur un Post-it : « Pour Gilles Lellouche. Amicalement. Hervé Villard » C'est vrai qu'avec sa perruque, Alain Chabat ressemble à Hervé Villard. Au moins autant qu'à Papa Jackie.

Le Post-it est resté collé au PSU-4 pendant tout le tournage.

Ange gardienne

Julie Darfeuil porte une banane en bandoulière dans laquelle elle coince sa tablette, outil de travail indispensable. Elle rit souvent, au moins autant qu'elle arpente le plateau de tournage, l'oreille aux aguets, l'œil éclairé. Elle est partout, tout le temps.

Julie est scripte.

La définition du « script » est donnée sur le site Les Scriptes associés : « Collaborateur direct technique et artistique du réalisateur. Responsable de la continuité, il veille à sa bonne mise en œuvre auprès des différents départements pendant la préparation et le tournage du film. Il suit le minutage et fait le lien avec le montage et la direction de production. » Il faudrait transposer tout au « -trice » et au « elle » puisque le métier, dans son immense majorité, est tenu par des femmes.

Sur ce même site, on trouve quelques explications pratiques du métier données par des réalisateurs qui savent de quoi ils parlent. Pour le réalisateur Xavier

Dolan, la scripte « est la personne dont [il] sollicite l'opinion en premier ». Mais c'est, comme souvent, Bertrand Tavernier qui en parle le mieux : « La scripte est avec le directeur de la photo, le cadreur et le premier assistant, l'un des quatre collaborateurs proches du metteur en scène… Si la mise en scène est une musique, la scripte est celle qui repère les fautes de copie, les dissonances pour les éliminer ou en faire des figures de style. Son œil écoute. »

Julie travaille depuis environ quinze ans. À son palmarès : *L'Inconnu du lac* d'Alain Guiraudie, *Les Combattants* de Thomas Cailley, *Divines* de Houda Benyamina, *Le Monde est à toi* de Romain Gavras… La scripte est présente dès la préparation et jusqu'à la fin du tournage. Pour *L'Amour ouf*, Julie a travaillé de mars à septembre 2023.

Au siècle dernier, la scripte portait un chronomètre autour du cou pour minuter les scènes, tenait un énorme cahier dans ses mains pour noter et différencier, à l'aide d'un stylo quatre couleurs, tous les destinataires, tous les événements, toutes les prises, tous les éléments techniques et les décors, parfois les commentaires du réalisateur. Cela à l'attention du labo de développement – à l'époque de la pellicule –, du monteur et de la production. Elle prenait aussi des polaroïds pour capturer la tenue d'une actrice, la place d'un objet, la couleur du ciel afin que les plans soient raccords.

Aujourd'hui, Julie tapote sur sa tablette multifonction chargée de tous les logiciels nécessaires. Son assistante, Albane, prend des photos, évidemment numériques.

Gilles a rencontré plusieurs scriptes avant de choisir Julie. Il souhaitait travailler avec quelqu'un qui puisse véritablement le seconder et apporter un regard sur la dramaturgie, les enjeux du film, les comportements des personnages. En général, la scripte a un travail essentiellement technique et ne s'occupe pas à ce point de l'aspect scénaristique et artistique du tournage. Mais depuis une dizaine d'années, Julie a élaboré une « méthode personnelle » qui tient compte de tout ce que mettent en jeu un plan, un dialogue, un mouvement. Ce qui a décidé Gilles à la choisir.

En amont du tournage, Julie a détaillé ces enjeux dans un dossier logiquement intitulé « Les enjeux ». « La veille, je relis ces notes pour toutes les scènes du lendemain. Parfois, Gilles me les demande, parfois, non. »

Attention, passage un peu technique, mais un tournage ne se résume pas aux intuitions du réalisateur, aux improvisations des comédiens, aux facéties du cadreur ou aux caprices de la météo. Il ne se résume d'ailleurs jamais à ça. La rigueur technique s'applique tous les jours et vient définir le cadre dans lequel il va être possible de réinventer tout ce qui est prévu. C'est ce cadre-là qui se met en place en premier.

Ci-dessous les notes de Julie de la scène 36 : le repas entre Jackie et son père, où il est question des Flamby qui disparaissent et du coup de téléphone que Clotaire est censé passer à Jackie – cf. chapitre précédent.

Enjeux : « Première occurrence des deux sonneries. Clotaire vient s'immiscer entre Jackie et son père, il fait éclater leur bulle pour en proposer une autre dans laquelle ils ont leurs propres codes, ils sont eux-mêmes. Le lien se renforce. Contrairement à ce qu'ils ont l'habitude de faire dans leurs familles respectives, ils se parlent, ils communiquent. Avec l'intensité de l'adolescence. »

« Jackie aime les Flamby ! Il s'agit d'instaurer ici de manière discrète son goût pour ce dessert et donner encore plus de relief à l'action de Clotaire en séq. 50. »

Notes : « Mise en scène : le père de Jackie appelle sa fille Jacqueline ! Scénario (séq. 36) : instaurer le fait que Jackie aime les Flamby dans cette séquence ! »

Note Julie : « C'est important que le dîner entre Jackie et son père soit plutôt silencieux. Pour donner de la valeur à la fluidité des échanges entre Jackie et Clotaire. »

Sur le document que Julie envoie ensuite à Simon Jacquet, le monteur, elle indique le minutage de toutes les prises, décrit le plan, donne les infos techniques, et détaille les commentaires de Gilles.

Prise 1 - 12'' - CUT[1] Gilles ne sait pas ce que fait Jackie de son assiette.

Prise 2 - 35'' - On n'y est pas au jeu… On a l'impression qu'elle veut se marrer. Et il faut qu'elle reste de profil.

Prise 3 - 32'' - Le père pourrait aller plus loin dans son trajet. Et il faut caler ses répliques aussi.

Prise 4 - 29'' - Pas mal ! Mais Gilles se demande si le tempo de l'avancée au cadre est bon.

Prise 5 - 29'' - Version où on s'avance sur elle une fois que les deux sonneries sont finies. Finalement, Gilles ne sait pas…

1. « Cut » signifie que Gilles coupe la scène avant qu'elle soit terminée.

Est-ce que ce n'est pas trop rapide ? Gilles cherche encore.

Prise 6 – 19'' - CUT Gilles cherche encore. On s'avance quand elle entend les sonneries. Mais ce n'est pas du tout accompagné du jeu.

Prise 7 – 18'' - CUT C'est trop rapide au cadre ! Et elle enlève son coude trop tôt aussi. Il faut attendre les deux sonneries.

Prise 8 – 29'' - C'est super ! C'est parfait dans la chorégraphie mais c'est pas encore ça au jeu ! Par contre, au son, c'est super, la troisième sonnerie interrompue. Ça marque encore plus le signal.

Prise 9 – 32'' - Elle se ronge les ongles au début ! C'est super ! On commence à être bien. Ça vient au jeu.

Prise 10 – 31'' - Il faudrait qu'elle marque encore plus son regard à la sonnerie.

Prise 11 – 27'' - Elle se retourne mais un poil trop tôt.

Prise 12 – 28'' - C'est encore trop tôt… Et ça se catapulte avec le mouvement du père.

Prise 13 – 29'' - C'est super !! C'est top !! On coupe avant la sortie du champ. C'est volontaire. C'est Gilles qui lance les top sonnerie et il a en tête de couper là et de raccorder avec le 36/2.

Les prises 9 et 13 sont entourées d'un cercle rouge ; ce sont celles que Gilles retient.

À chaque scène tournée pendant la journée, Julie suit ce même processus. Elle suit également Gilles dès qu'il donne des indications aux techniciens ou aux comédiens. Elle note aussi les changements de dialogues et, à partir des photos, fait un montage grossier de la séquence qui servira à Simon pour évaluer ce que cherchait Gilles.

Fin de la journée à 2 heures du matin.

Mercredi 24 mai – Jour 13. Horaires : 19 h 00 – 03 h 00. Pause repas : 20 h 30 – 21 h 30. Lieu de tournage : Villeneuve d'Ascq. Météo : Haute pression avec un soleil dominant le matin puis des cumulus assez volumineux l'après-midi. 6 °C – 18 °C.

Il est 18 heures quand Julie entre dans le pavillon où se trouvent les loges, l'équipe maquillage et l'équipe costumes. Il est situé à quelques dizaines de mètres du lieu de tournage, chez « Papa Jackie », comme la veille. Julie vient vérifier que tout est OK rayon vêtements : tenue de jour pour la scène 108, tenue de nuit pour la 103. Même vérification pour le maquillage.

Julie rejoint le plateau de tournage. Gilles est déjà là. Une nouvelle journée commence.

La scène de Malik

À la fin d'un déjeuner, entre deux scènes, Malik est sagement assis sur une chaise, mais ce n'est pas sa position favorite. Danseur de hip-hop dès ses 3 ans, il préfère bouger, danser, courir, ce qu'il fera dans certaines scènes de *L'Amour ouf* ; notamment sur *A Forest* de The Cure. Après son brevet, il commence les castings et décroche un très petit rôle dans *Apaches* – il se fait tuer à peine le film commencé et si vous fermez les yeux à ce moment-là, c'est trop tard pour le voir.

« Pendant que je tournais ce film, je me suis rendu compte que c'était là que je voulais être, sur un plateau de cinéma. Plus tard, je vois passer sur Instagram l'annonce de casting pour *L'Amour ouf*. J'envoie une vidéo de présentation et je passe le casting. Je reçois des scènes à jouer mais pas le scénario. Pourtant, Clotaire me fait immédiatement vibrer. Je vis avec lui sans le connaître. D'autant que je lis le bouquin pour sentir l'ambiance. Le jour où je joue enfin une scène devant Gilles, je suis à 6 000 %. Je joue deux scènes avec Mallory et je rentre chez moi dans le Sud.

Gilles me téléphone trois semaines plus tard pour me dire que j'ai le rôle. C'est un bonheur indescriptible. La plus belle nouvelle d'une nouvelle vie. Je lis le scénario à ce moment-là et je découvre l'importance de Clotaire dans le film. Je tourne les pages, je tourne encore et encore et Clotaire est toujours là !

Le premier jour de tournage dans le champ de colza, je me laisse entraîner par Clotaire. Depuis, je vis intensément les moments présents. C'est de plus en plus dingue chaque jour. »

Sur le plateau, Malik est à la fois présent et absent. Toujours là, mais un peu dans son coin. Souriant, mais terriblement concentré. Tout le temps. C'est lui qui a le plus grand nombre de jours de tournage : 48 *versus* 33 pour François, 33 pour Mallory, 19 pour Adèle.

Mercredi 24 mai, après la pause dîner de 20 h 30. Jusqu'à présent, Malik n'a eu que trois jours de tournage : le champ de colza, où il passe tout son temps à mobylette ; et deux autres scènes où il est juste de passage. Aujourd'hui, c'est autre chose. Il se rend chez « Papa Jackie » à qui il demande avec insistance (euphémisme) de voir sa fille. C'est un long plan-séquence. Clotaire doit enchaîner dialogue et montée d'adrénaline, calme au début puis énervement au moment où il balance la poubelle dans la fenêtre de la cuisine.

La scène est longue à préparer : la lumière, le déplacement de la caméra portée à l'épaule par Laurent, la vitre de la fenêtre à remplacer par une fausse qui se casse facilement, etc. Malik est en retrait, sur la route devant la maison, il tourne en rond et s'échauffe la voix et le corps.

Tout est prêt. Scène 103. Action.

Malik se lance, gueule, demande Jackie, frappe à la porte, frappe la porte, il est comme un chien fou, agité, secoué, impatient, bouillant, explosif, il se saisit de la poubelle, la lance en plein milieu de la fenêtre qui explose en mille morceaux – mieux viser, ce n'est pas possible.

Quelques secondes de silence avant que Gilles demande de couper. Personne ne bouge mais tout le monde se demande s'il a bien assisté à ça. C'est franchement très impressionnant.

Malik sort de son monde, de sa scène. Il secoue ses bras le long du corps, pour détendre ses muscles, expulser la tension – ou peut-être le Clotaire qui s'y était réfugié.

Gilles lui-même n'en revient pas : « Avec des ados comme ça, je vais pouvoir mettre la pression sur les adultes. »

On a beau préparer une scène mille fois, l'imaginer, l'écrire, la dessiner, la rêver, l'espérer, elle ne sera jamais ce qu'un comédien peut en faire.

Système D

Il est un peu plus de 13 heures et, cette fois, c'est Gilles qui pose les questions.

« Est-ce que les échelles en alu existaient dans les années 70 ? » demande-t-il à Manu Mougin, l'accessoiriste.

La réponse ne se fait pas attendre : « Oui, Monsieur. »

Manu porte un bob, un short et une barbe grise. Il a 64 ans et une grosse soixantaine de films dans les pattes. *L'Amour ouf* pourrait être le dernier. Il n'a pas encore pris sa décision mais ça le tente d'arrêter et de se rendre aux puces de Clignancourt ou dans les brocantes juste pour le plaisir et non plus pour rechercher un cendrier, une horloge murale, une carafe d'eau ou un vieux talkie-walkie.

Manu s'occupe des accessoires et du système D. Il tient au frais des bouteilles de lait pour une scène de petit déjeuner, propose au réalisateur plusieurs brosses à cheveux et trouve des carnets de factures d'un réparateur de télé des années 80. Il répare, découpe, nettoie, invente. Des mains de magicien et un sens de l'improvisation à toute épreuve.

Manu Mougin a une vie de roman : une formation de menuisier-ébéniste chez les Compagnons du devoir, un voyage en bateau qui a duré sept ans, une longue période au Brésil avec la compagnie musicale Urban Sax. Il rentre en France et débute comme accessoiriste dans *Rendez-vous au tas de sable* de Didier Grousset en 1990. Depuis, il n'a pas arrêté. Il a notamment participé aux « Fausses pubs » des Nuls et a beaucoup travaillé avec Jacques Audiard. Il a d'ailleurs quitté la production du *Grand Bain* avant le début du tournage pour accompagner Audiard sur le tournage des *Frères Sisters*. « C'est un western. Pour un accessoiriste français, c'est une chance inespérée. » Il lui faut trouver mille objets qu'il n'a jamais eu à utiliser dans sa carrière : étoile de sheriff, verre de saloon, blague à tabac... Gilles ne lui en a pas voulu ; la preuve.

Manu a deux formules aussi lapidaires qu'expressives pour évoquer son métier : « Je cherche d'où pourrait venir la demande pertinente ou incongrue pour l'anticiper » ; « Si un tournage se passe mal, il ne dure que trois mois. Ça va. »

Ses principaux outils de travail sont pendus à sa ceinture : gants, couteau, tournevis, chiffon, pince. Le reste tient dans son camion qu'il vérifie chaque matin. Plusieurs caisses à tiroirs sont posées sur un chariot qu'il balade partout : « recharges », « colle », « sangles », « électrik » (*sic*, pour matériel électrique)... Trois semaines avant le tournage, Manu dépouille le scénario et note tout ce dont il aura besoin. Il en remplit ses caisses et ajoute toujours un peu de rab. « On ne sait jamais » : phrase qui pourrait s'inscrire au frontispice du manuel du parfait accessoiriste.

Vendredi 26 mai. Même décor : pavillon de Papa Jackie. C'est le dernier jour ici. La semaine prochaine, direction la cité où vivent Clotaire et sa famille. Aujourd'hui, Papa Jackie, qui a perdu sa femme, la mère de Jackie, dans un accident de voiture, est avec sa fille de 6 ans. Ils reviennent de l'école dans l'estafette familiale, version 1975. Il faut donc arrimer le véhicule au camion travelling où se tiendra l'équipe technique avec la caméra et le matériel son. Manu et son assistant Sébastien obstruent légèrement les vitres arrière de l'estafette pour qu'on ne puisse pas distinguer les véhicules d'aujourd'hui. Pendant ce temps-là, toutes les scènes intérieures ayant été tournées, l'équipe déco vide la maison de

Papa Jackie et la remeuble telle qu'elle était avant le tournage.

Les deux véhicules accrochés l'un à l'autre partent en campagne. On en a pour une bonne heure. Le chef n'est pas là, les sourires dansent. Pas très longtemps car il y a toujours quelque chose à faire. Manu et Sébastien réparent leur chariot avant qu'il se fasse la malle, les techniciens préparent la suite. Mais dix minutes plus tard, tout le monde revient. Pas normal. Sans doute un problème technique. Gilles descend de la voiture travelling, un brin agacé.

« Ça se prévoit, les gars ! Sur une départementale, il y a des voitures qui circulent ! » Comprendre des voitures de 2023 et pas de 1975. Ce n'était pas un problème technique mais un bug. Une erreur de débutant. La route choisie était tranquille pendant les repérages, cette fois tous les conducteurs du coin semblaient s'être donnés le mot pour venir bousiller les plans prévus. Personne ne moufte.

« Ça m'agace cinq minutes et je passe à autre chose. » Disons dix bonnes grosses minutes tout de même. Deux clopes y sont passées et quelques ronds sur le bitume à ruminer.

« Je vais trouver une solution. » Pas le temps de reporter les plans à un autre jour ni de trouver une route plus calme.

« C'est de l'amateurisme, ça ! » Gilles s'agace encore. S'énerve. S'impatiente. S'agite. Silence dans les rangs.

« On démonte le travelling. On filme à l'arrêt. » Mais en faisant semblant de rouler.

Le cinéma : l'art du faux qui sonne vrai. Comme au bon vieux temps hollywoodien des tournages en studio. Il y a parfois des situations qui font écho à une cinéphilie qui ne se perd finalement jamais. Gilles a vécu avec ces films vus et revus. Rien ne se perd, rien ne se crée, tout se transforme, comme disait Lavoisier dont l'amour du cinéma n'était pas forcément connu. Dans le travail qui se fabrique ici chaque jour, l'acquis est plus important que l'inné dont on pourrait croire qu'il est à la base de la création artistique. L'un et l'autre pourraient tout de même s'équilibrer à parts égales afin de célébrer l'artiste omniscient touché par la grâce. Sans doute pas. Que le film soit finalement réussi ou raté n'est pas la question. C'est le labeur, toujours, et l'argent du labeur qui permet d'arriver à ses fins.

Un ventilateur, chargé d'imiter l'air en circulation, est installé près d'Alain Chabat et de la jeune Jackie, (l'étonnante) June Benard Gourion. Manu et Sébastien montent sur les pare-chocs et s'agitent pour faire croire que l'estafette roule. La phrase du jour est alors prononcée par Manu :

« On est dans un film à 33 millions et je me retrouve là comme si c'était un court-métrage fauché. Je trouve ça magique. »

« Moteur demandé », « Ça tourne au son », « Caméra speed », « C'est cadré », « Et… action ». Les cinq commandements du plan qui va être tourné.

Alain Chabat est au volant, Jackie à côté de lui, Manu et Sébastien sautillent sur le pare-chocs. L'autoradio égrène *Au pays des merveilles de Juliet*, d'Yves Simon. Le père et la fille sortent un peu de leur torpeur et de leur tristesse et entonnent doucement la chanson. Puisque la station immobile le permet, Gilles change d'axe plusieurs fois.

C'est une des séquences les plus touchantes du film.

Conclusion de Gilles : « Finalement, on a peut-être gagné au change. » Peut-être, effectivement. Car le cinéma ne peut pas tout : il sera impossible de comparer les scènes tournées avec celles qui ne l'ont pas été. Mais voilà une séquence qui ne s'est jamais imaginée telle quelle et qui donnera au film une couleur particulière.

Il est 17 heures. Décor 2. Papa Jackie répare l'antenne d'un client tandis qu'il fait réviser les tables de multiplication à sa fille par talkie-walkie. Manu installe une fausse antenne sur le toit. Les plans sont vite emballés. C'est la dernière scène du dernier jour d'Alain Chabat. Applaudissements. C'est une tradition quand les comédiens quittent définitivement le tournage. Les propriétaires des lieux viennent demander une photo à Gilles qui se plie à leur demande. Puis ce sont les voisins qui tentent le coup. Accepté.

Pendant ce temps-là, Manu récupère l'échelle en aluminium sur laquelle était monté Papa Jackie.

Montage et démontage

Il faut toujours revenir à Molière. Notamment au *Bourgeois gentilhomme*. Dans la scène 4 de l'acte II, le Maître de philosophie explique à Monsieur Jourdain ce qu'est la prose. D'accord. Mais en fait, non : il lui explique le principe du montage de cinéma sans le savoir.

« On [peut mettre les paroles] premièrement comme vous avez dit : "Belle Marquise, vos beaux yeux me font mourir d'amour." Ou bien : "D'amour mourir me font, belle Marquise, vos beaux yeux." Ou bien : "Vos yeux beaux d'amour me font, belle Marquise, mourir". Ou bien : "Mourir vos beaux yeux, belle Marquise, d'amour me font." Ou bien : "Me font vos yeux beaux mourir, belle Marquise, d'amour." »

Si la place des mots dans une même phrase peut en changer le sens jusqu'à la rendre incompréhensible, pour une suite d'images c'est exactement pareil. La figure de style qui consiste à changer l'ordonnancement des mots est une synchise – qu'on se le dise. Lorsqu'un monteur monte une séquence de plusieurs plans différents, il synchise très naturellement sans le savoir – comme Monsieur Jourdain finalement. La séquence peut devenir totalement absconse mais, en général, il y a plusieurs solutions pour faire passer le sens voulu ; plus que chez Molière en tout cas.

Pour comprendre l'art du montage, ou à tout le moins sa complexité, on peut aussi s'appuyer sur l'« effet Koulechov », du nom de celui qui l'a mis au point, le réalisateur et théoricien russe Lev Koulechov. Avant chacun des trois gros plans identiques de l'acteur Ivan Mosjoukine, parfaitement impassible, Koulechov monte trois images différentes : 1) une assiette de soupe ; 2) le visage d'une morte ; 3) une fillette en train de jouer. Les spectateurs disent alors avoir vu sur le (même) visage de l'acteur : 1) l'appétit ; 2) la tristesse ; 3) la tendresse.

Un effet de montage qui date du début des années 1920, époque où les sciences cognitives n'étaient pas très à la mode, ni même très au point. Bravo le cinéma.

« L'effet Koulechov est toujours pertinent », relève Simon Jacquet, le monteur de *L'Amour ouf*, assis devant deux ordinateurs et un écran XXL encadré par deux enceintes.

Simon est un grand type souriant et bavard, jamais à court de réponses même quand les questions sont banales. Il maîtrise à ce point sa souris et son logiciel de montage qu'il parle en cliquant et en tapant sur le clavier. Sur les écrans des deux ordinateurs apparaissent des courbes, des lignes, des points d'entrée, des points de sortie, des ondes sonores, des diagrammes que Simon étire et compresse à volonté. J'ai essayé de comprendre, je n'ai pas réussi.

Simon est monteur depuis une vingtaine d'années. Il a notamment travaillé avec Catherine Corsini, Nicole Garcia, Cédric Kahn, Maïwenn, Cédric Jimenez... Quatre nominations aux César dans sa besace (*Bac Nord, Le Grand Bain, Mal de pierre, Mon Roi*). À son actif aussi, la sobriété de *Profil paysans* de Raymond Depardon, les épisodes 2 et 3, et l'ampleur d'*Astérix et Obélix : l'Empire du Milieu* de Guillaume Canet. C'est dire s'il a la souris éclectique et souple.

Lundi 1er juin. Un bureau dans un petit immeuble du Marais, à Paris, non loin des locaux de Trésor Films.

Simon monte les scènes tournées par Gilles depuis les premiers jours du tournage. Ils se parlent quotidiennement. Un mois après le début des prises de vues, Simon cherche encore le ton, le rythme, la couleur du film. C'est un peu abstrait d'écrire ça – et surtout de se rendre compte de ce que ça signifie. Si le montage est très concret – on voit le film naître petit à petit –, le chemin pour arriver à une séquence satisfaisante, ou même regardable, est plutôt caillouteux. Alors, puisqu'il y a mille façons de monter une scène, il faut sans doute raconter ces séances de montage petit à petit et si possible avec précision, même si les mots vont régulièrement être en deçà des images.

La salle de montage est un endroit singulier ; c'est là, après le scénario et le tournage, que le film s'écrit donc pour la troisième fois. Mais c'est surtout là qu'il se voit réellement pour la première fois. Je pourrais résumer ce travail de montage de dix mois sur *L'Amour ouf* ainsi : « Passer d'un film de trois heures trente avec péripéties à la louche et personnages secondaires à la pelle à un film de deux heures quarante centré, et même concentré, sur l'histoire d'amour entre Jackie et Clotaire. »

Ça n'a pas été si facile, d'autant qu'en ces premiers jours de montage, il n'est pas du tout question de prendre cette voie-là. Mais le film, bien souvent, impose sa loi, son rythme, son histoire. C'est étrange mais c'est ainsi. Ce n'est même pas une question de réussite ou de ratage final. Le film est un organe vivant qui se cherche constamment et qui, parfois, a du mal à venir au monde. Tous les films qui racontent l'envers du décor et la tête de l'artiste passent par ces chemins-là, de *Barton Fink* à *8 ½*, de *Providence* à *En présence d'un clown*. Il n'y a guère que dans *Le Mystère Picasso* que le peintre andalou, devant la caméra d'Henri-Georges Clouzot, commence et termine un tableau en cinq minutes sans même avaler un cachet d'aspirine. D'où le titre du film d'ailleurs.

Pour cette première journée avec Simon Jacquet, je me contente de noter quelques phrases qu'il faudra sans doute expliquer, voire élucider plus tard.

« Les films de Coppola nous ont marqués, Gilles et moi. Comment, à l'intérieur d'un univers stylisé, parvenir à raconter des sentiments intenses et vrais. Gilles suit ce même chemin. »

« Quand je monte, j'essaie de retranscrire l'émotion qu'a ressentie le réalisateur. Je garde la version qu'il préfère tant qu'elle fonctionne à mes yeux. Sinon, je lui propose autre chose. »

« Gilles fait jouer ses acteurs lentement. En tout cas, il leur demande de prendre leur temps. Je cherche ce rythme-là dans le montage. Je sais qu'il viendra dans la continuité des scènes au bout d'un moment. »

Je fais un peu le malin en lui racontant ce que Jacques Audiard, qui a commencé sa carrière comme monteur, m'a dit un jour : « Quand tu t'ennuies devant une scène que tu trouves apparemment trop longue, ce n'est pas cette scène-là qui est en cause mais la précédente. »

Simon ne quitte pas des yeux ses points d'entrée ni de la main sa souris : « Oui, c'est souvent vrai. »

À ce moment-là, Simon est en train de monter la scène entre Alain Chabat et Adèle Exarchopoulos, le père et sa fille, alors que Clotaire est revenu dans les parages après sa sortie de prison. Un face-à-face dans lequel Jackie, en pleurs, exprime son ressentiment envers un papa surprotecteur. La caméra est soit sur Alain, soit sur Adèle, en champs-contre-champs. Mais il faut trouver le bon rythme, à quel moment passer de l'un à l'autre.

Simon cherche, essaie, jette, reprend, ça se joue parfois à une ou deux secondes en trop ou en moins sur le visage d'Alain ou d'Adèle.

Il cherchait encore lorsque je suis parti. Il trouvera. Là encore, c'est l'une des scènes les plus émouvantes du film. Adèle y est magnifique.

Les deux font la paire

Elles se ressemblent sans doute plus que les garçons. Déjà, sur le tournage des *Pires*, le premier film de Mallory, tout le monde lui disait, à longueur de journée, qu'elle avait le même sourire et la même façon de parler qu'Adèle. Dans le jeu également, le mimétisme était parfois troublant. L'instinct du personnage. Juste retour des choses, l'écho de Mallory revenait régulièrement aux oreilles d'Adèle. La rencontre devenait sans doute inévitable. Il fallait juste une histoire qui donne corps à ce lien entre elles. Ce corps s'appelle Jackie dont Adèle résume bien l'état d'esprit : « C'est une fille qui a réussi à surmonter le deuil de sa mère mais qui est incapable de faire le deuil de son histoire d'amour avec Clotaire. »

On sait comment Adèle Exarchopoulos a débarqué avec force et fracas dans le cinéma français. Son premier grand rôle dans *La Vie d'Adèle : chapitres 1 et 2* d'Abdellatif Kechiche s'est terminé sur la scène du palais des festivals à Cannes quand Steven Spielberg en personne a remis, à elle, à Léa Seydoux, sa camarade de jeu, et à Kechiche une Palme d'or – un prix créé à la demande du cinéaste qui n'a jamais eu d'autres récipiendaires et qui n'en aura sans doute jamais. Ce prix ne se confond pas avec un prix d'interprétation féminine, reçu cette année par Bérénice Béjo pour *Le Passé*. Adèle a bel et bien été récompensée d'une Palme d'or.

Adèle est de ces actrices que la caméra révèle. C'est comme ça. Ça ne s'explique pas. Une cinégénie qui lui sert à être un personnage plus qu'à le devenir. La scène que Gilles tournera plusieurs fois, dès le second jour de tournage, où elle se déshabille sous la pluie, en est le parfait exemple. « Non, ce n'est pas du tout pénible. Je n'intellectualise pas ces moments-là. Ils existent, Gilles me demande de les jouer de telle façon, je le fais. »

C'est agaçant, ce naturel et cette facilité – cela dit, je ne suis pas actrice. Je ne sais pas comment ça marche et tout ça reste mystérieux. Enfin non. Pour être honnête, j'ai joué deux fois au théâtre, sur scène, et j'ai toujours eu l'impression d'un acte laborieux, mécanique et de ne jamais comprendre, même après des semaines de répétitions, qui était ce type que je faisais parler. Si je ne suis pas actrice, je ne suis pas acteur non plus.

Mais c'est aussi parce que j'ai testé le schmilblick que les voir jouer me fascine et m'intrigue. C'est d'ailleurs toujours difficile d'écrire sur le jeu des acteurs et des actrices. On ne peut le faire qu'en restant extérieur, en mesurant leur naturel à être quelqu'un d'autre ou en expliquant le lien plus ou moins intime qu'ils créent entre les personnages et nous. Parce qu'à l'intérieur, je ne sais pas ce qui se passe. Un bouillonnement de sentiments. Un dédoublement peut-être. Une schizophrénie pour les cas les plus graves.

Adèle parle de Jackie comme d'une voisine de palier ou comme d'une voyageuse rencontrée dans un train et avec qui elle aurait discuté en allant de Paris à Lille : « Jackie s'est réfugiée dans une relation fusionnelle avec son père mais depuis la mort de sa mère quand elle était petite, elle cherche désespérément une relation solide ailleurs. Quand tu la rencontres, tu ne te doutes pas forcément des épreuves qu'elle a traversées. » Voilà qu'elle semble tout savoir de la vie de Jackie. Le voyage en train a dû bien se passer.

Mallory est une comédienne qui, apparemment, met peu d'espace entre elle et son personnage. Tourner, c'est juste arrêter de discuter avec l'équipe pour être Jackie la seconde d'après. Quand Mallory allume une cigarette, Jackie l'écrase dans le cendrier. Mais elle vit le tournage comme si sa vie en dépendait. C'est tous les jours un bonheur. Je la regarde s'émerveiller de ce qu'elle vit et de ce qu'elle vient faire face à un Malik plus introspectif.

C'est étonnant de sentir à quel point ces deux ados, comédiens encore à peine dégrossis qui affrontent leur rôle de Jackie et de Clotaire tels des combattants dans une arène, esquissent la façon dont se tiennent Adèle et François – les deux filles si spontanées quand elles entrent en scène, les deux garçons plus réfléchis quand ils se mettent en action.

La machine à tourner

C'est la cinquième semaine de tournage. Et la seconde dans la cité où habitent Clotaire et sa famille depuis toujours. Les scènes dans l'appartement ont toutes été tournées là avec Clotaire à 8, 17 et 28 ans. La cité est située à Lille mais hors du centre, aux abords de l'autoroute A25, proche de Loos et de Faches-Thumesnil. Le lieu est voué à la démolition et certaines barres d'immeubles sont déjà condamnées. Les « grands frères » font la sécu. Les rodéos habituels dans le coin ont été priés d'aller se faire voir ailleurs.

Tout ce qui se passe sur un tournage semble avoir été concentré pendant ces trois jours – 5, 6, 7 juin. Comédie, engueulade, émotion, problème administratif, changement de plan de travail, retard, rires… Trois jours dans le tambour d'une machine à tourner.

Les premières scènes, tournées l'après-midi du 5, se déroulent en plein milieu des espaces communs, entre le bac à sable et la cage à poules avec Clotaire, 8 ans, et son pote Lionel, 8 ans également. En attendant que la technique se mette en place, Gilles va visiter le décor du lendemain, l'appartement familial situé au 8 de la rue. L'équipe déco de Jean-Philippe a transformé deux appartements en un seul pour réarranger la distribution des pièces afin de faciliter le tournage. Il s'agit pour Gilles d'organiser les différents plans selon les époques et de décider quel mobilier garder en fonction de ce qu'il y aura à l'image.

Retour à la cage à poules sur laquelle sont montés Clotaire et Lionel. Les deux gamins échangent des roudoudous, un rouge contre trois bleus – allez savoir pourquoi. Les roudoudous sont des bondons à lécher, collés sur des petits coquillages ; gros succès au siècle dernier, moins aujourd'hui, semble-t-il. Dialogue entre deux copains. Gilles leur demande de parler plus vite et ne pas regarder la caméra. Entre deux prises, la maquilleuse remet un peu de colorant sur les langues des gamins, rouge pour Clotaire, bleu pour Lionel. Ce métier mène à tout.

François Civil et Jean-Pascal Zadi arrivent et prennent la même place que Clotaire et Lionel – qu'eux-mêmes, si vous suivez bien. C'est une longue scène entre les deux où il est question de pompes qui puent et de désert sexuel.

Puis arrive Raphaël Quenard, *alias* Kiki, le frère de Clotaire, qui justifie son retard par une nuit épuisante, particulièrement chaude et débridée – je parle de son personnage. Le nom de Raphaël Quenard est sur toutes les lèvres du moment depuis la sortie de *Chien de la casse*, trois mois plus tôt. Il est déjà vu comme le nouveau Patrick Dewaere. Il a la réputation d'être génial mais en roue libre, capable d'improviser à volonté. Ce qu'il fait dès la première prise. C'est vulgaire et très drôle.

Gilles sourit mais demande à Raphaël de respecter le texte. Ce qu'il ne fait pas même s'il s'en rapproche. L'impro semble être un virus chez Raphaël. Nouvelle prise. Gilles insiste.

« Fais-en une vraie et après on en fera d'autres en impro. »

C'est mieux mais Raphaël ne peut pas s'empêcher de rajouter trois mots et de trouver des métaphores très parlantes pour évoquer sa nuit chaude. C'est toujours drôle, toujours vulgaire, toujours très évocateur. Devant le PSU-4, Gilles commence à s'agacer. Il demande à Julie, la scripte, qui connaît bien Raphaël, d'aller le voir pour le convaincre de suivre le texte. François et Jean-Pascal attendent sagement que ça se calme. L'équipe technique aussi. Personne ne semble vraiment affecté par la situation. C'est un fait de jeu qui doit être courant. Sauf que Gilles ne lâche pas l'affaire. À la septième prise qui déborde encore un peu des clous, Gilles explose. Engueule Raphaël. Qui acquiesce. À la suivante, tout rentre dans l'ordre. La quinzième est la bonne. Ce n'est pas si souvent qu'autant de prises sont tournées. Deux jours plus tard, je déjeune avec Raphaël et lui demande ce qu'il pense de la réaction assez sèche de Gilles.

« Il a raison. C'est tout à fait normal. C'est son film. »

Mais alors pourquoi ?

« J'adore improviser. Si je donne immédiatement le bon texte, on ne me laissera rien faire après. En général, les metteurs en scène passent au plan suivant. Donc je commence par improviser. Et parfois ça passe. Là, non. Mais j'essaie toujours. »

Ça se défend.

Fin d'après-midi. La journée de tournage est prévue jusqu'à 23 heures. Le plan suivant se déroule la nuit sur le toit d'une des barres de la cité. Soirée entre jeunes. Clotaire, Lionel et Kiki sont assis sur le rebord du toit et les trois comédiens sont sécurisés par des câbles. Ils sont filmés par un drone qui s'éloigne d'eux pendant qu'ils discutent et qui finit par embrasser toute la cité. Seulement trente-cinq personnes sont autorisées à se rendre sur le toit – les techniciens et quinze comédiens. Au dernier palier de l'immeuble, l'accès au toit se fait par une échelle. Le matériel, lui, est déposé sur un monte-meubles de déménagement pour atteindre les sommets. Il faut deux bonnes heures pour tout installer.

Je fais un tour sur le toit. C'est haut. Très haut. Trop haut. Je ne fais pas partie des personnes autorisées ; tant mieux, je suis très bien en bas. Le plan est compliqué à mettre en place. Cette fois, ce n'est pas Raphaël qui improvise mais le drone. Le tournage se termine avec deux heures de retard. Qu'il faudra rattraper dans la semaine pour éviter de les payer.

Et en voilà déjà une de rattrapée dès le lendemain : la convocation est fixée une heure plus tard. Bien joué. Avant le déjeuner, Vincent, le « dir prod », Fabien, le premier assistant, et Benjamin Journet, le régisseur général, discutent du changement du plan de travail à venir, notamment un tournage de nuit qui se profile au palais de justice de Lille ; ce sera le samedi 1er juillet en équipe réduite, de minuit à 4 h 30. Seul moment où les lieux nécessaires sont disponibles. Quant à la discussion du déjeuner, elle tourne autour de la boîte de nuit, le Macumba, dont il va falloir changer tout l'éclairage pour qu'elle soit conforme à l'époque 1995.

À 14 heures, ce sont les poubelles qui posent problème. Jeudi, c'est jour de ramassage. Ce n'était pas prévu. Il faut donc prendre en photo leur emplacement pour les repositionner au même endroit après le passage du camion. Sinon, ce ne sera pas raccord. Bijam s'occupe d'alerter ses troupes. Bijam, c'est Benjamin. Tout le monde l'appelle par son surnom.

(D'autres portent un diminutif ou un surnom – Manu, J-C, Boubou, Seb, Nico, Toto – et certains se font régulièrement appeler par leur nom de famille comme [Cédric] Deloche, l'ingénieur du son, je n'ai jamais su pourquoi. Mais ce n'est pas anecdotique car il y a trois règles essentielles à respecter sur un tournage : connaître rapidement les prénoms, surnoms, ou diminutifs de tout le monde ; dire « bonjour », « merci », « s'il te plaît » ; repérer sur chaque décor où sont les toilettes.)

Le régisseur général est un des postes clés d'un tournage. La régie s'occupe de l'organisation, hors de la mise en scène proprement dite : « On est dans le deuxième cercle, souligne Bijam. Ce qui permet d'observer le tournage avec suffisamment de recul pour voir les problèmes venir et sécuriser le plateau. Beaucoup de gens trouvent ce métier peu valorisant. Moi, au contraire, je trouve formidable de passer du temps au bureau à remplir des tableaux Excel, quand le lendemain je vais voir un agriculteur pour désembourber un camion-loge, puis je discute avec les dealers afin de pouvoir tourner tranquillement, comme ici, et enfin je rencontre un maire pour obtenir une autorisation de tournage ou régler un problème. C'est un métier où il y a toujours besoin de main-d'œuvre. Il faut savoir toucher à tout et aimer ça. »

La première séquence de *L'Amour ouf*, sorte d'introduction au récit, se déroule dans un parking. Des types remplissent d'armes les coffres de plusieurs voitures, s'installent dans les véhicules, remontent les étages par une voie circulaire. « Sur le scénario, raconte Bijam, il est juste indiqué "parking". On n'en sait pas plus. Donc on cherche des parkings, ce qui en soi n'est pas très compliqué mais aucun n'était satisfaisant pour Gilles. Il fonctionne par intuition, par image : quand il voit, il sait. Mais il est parfois incapable d'expliquer ce qu'il veut avec des mots. Comme la plupart des cinéastes, d'ailleurs.

Un jour, un des repéreurs me parle d'un parking à Lille près de la gare. C'est comme un trou, ouvert au niveau du sol. En voiture, on entre et on descend par une rampe en vis. Et quand tu es en bas et que tu lèves la tête, l'effet est étonnant. Comme si tu étais dans un gouffre. J'en avais déjà vu, des parkings en spirale, mais en général ils sont fermés. Celui-là était ouvert. Forcément, ça fait une image particulière. Gilles a évidemment choisi ce parking.

Après, il faut aller voir le propriétaire, lui dire qu'on va débouler avec huit camions techniques et soixante-dix personnes. Ensuite, on établit un contrat de location pour une journée, en l'occurrence une nuit. On cadre juridiquement pour être couvert par les assurances. Une journée de tournage ou dix, c'est pareil. C'est le décor qui définit la quantité de travail, pas le temps qu'on y passe. »

Aujourd'hui, ce n'est pas le parking qui pose un problème à Bijam, mais la prison. Le bureau de production a été installé au premier étage de la bibliothèque Faubourg-de-Béthune. Il s'agit notamment de trouver les derniers hébergements à Dunkerque où le tournage se rend à partir du 7 août pour quatre semaines.

Audrey s'occupe des (nombreux) billets de train à prendre chaque jour pour les comédiens, la production, les techniciens venus en renfort. Bijam, lui, est au téléphone pour organiser la (fameuse) nuit du 1er juillet au tribunal. Aucune prison n'ayant été trouvée pour une scène très courte, elle se déroulera dans l'espace attenant à la salle du tribunal, officiellement une dépendance de la prison.

« Je ne le savais pas mais si le tribunal est sous l'autorité de ministère de la Justice, cette petite pièce-là est réglementée par le ministère de l'Intérieur. On en apprend tous les jours. Résultat : je dois récupérer les autorisations des deux ministères, ce qui n'est pas évident puisque ce n'est pas le même personnel concerné qui sera là pendant le tournage. » Ça s'est réglé mais il a fallu y passer quelques heures de plus.

Pendant ce temps-là, l'équipe de Bijam bloque les entrées et sorties des habitants des immeubles pendant que Gilles tourne. Sur un film contemporain, on peut laisser les gens aller et venir sans problème dans des plans larges ; sur un film d'époque années 80, ce n'est pas possible. Imaginez un type au téléphone qui passe dans le champ.

Pendant ce temps-là, Marjorie fait l'aller-retour Lille-Paris-Lille pour apporter les rushes à Simon.

Pendant ce temps-là, Jean-Philippe, le chef déco, appelle pour signaler qu'il est coincé dans le parking du décor de lundi prochain ; Bijam lui envoie quelqu'un pour le libérer.

Pendant ce temps-là, Adèle et Élodie Bouchez, la mère de Clotaire, regardent avec Gilles les plans tournés dernièrement, notamment la scène de l'éclipse.

Les scènes principales de la journée se déroulent dans l'appartement, notamment deux particulièrement importantes : celle où la mère de Clotaire donne à Jackie des nouvelles de son fils et le retour de Clotaire chez lui après sa sortie de prison.

La première se joue entre Adèle et Élodie. Dialogue chuchoté par Élodie qui donne à Adèle un ancien Polaroïd des deux adolescents heureux et amoureux. Deux prises sur Adèle. On change d'axe, la caméra est braquée sur Élodie qui avoue tout l'amour qu'elle porte à son fils : « Vous savez, mon fils, c'est un bon garçon. Il n'a pas fait toutes ces choses… » Une seule prise est nécessaire. C'est rare. Applaudissements pour les deux comédiennes. J'ai vu et revu cette scène : au tournage, au montage et dans la version finale du film. Elle m'émeut aux larmes depuis la première fois.

François vient d'arriver pour la séquence suivante. Gilles lui montre la scène entre Élodie et Adèle.

« Tu fais qu'une seule prise aujourd'hui ?

— Oui, on ne t'avait pas prévenu ? C'est le *one shot* du mardi. Une fois par mois. Ça tombe sur toi aujourd'hui. Va falloir assurer. »

Gilles et François mettent au point la scène des retrouvailles. Un plan ? Deux plans ? S'arrêter dans le salon ? Aller directement dans la chambre ?

Finalement, il y aura deux plans dont un en caméra-épaule qui suit François.

François s'échauffe, se concentre. Il pénètre dans l'appartement avec violence, entre dans sa chambre, tourne en rond et frappe avec rage dans le mur, ce qui n'était pas prévu. D'autant moins que le mur est un vrai mur ; à savoir qu'il n'a pas été trafiqué pour accueillir un coup de poing. Tout le monde est un peu surpris.

« Je n'étais pas bien, un peu dans les vapes. Ça va maintenant. »

C'est la prise qui sera retenue finalement.

La façon dont certains comédiens s'impliquent dans leur personnage – Adèle dans la scène sous la pluie, Élodie tout à l'heure, François à l'instant – m'a toujours impressionné. Eux-mêmes ont d'ailleurs souvent du mal à formaliser leur comportement.

Mercredi 7, 13 h 00 – 20 h 30. Loge HMC – habillage, maquillage, coiffure. François est installé devant le miroir.

« Élodie, elle n'est pas là pour trier les lentilles ni pour faire du coloriage. Elle envoie. En voyant la scène entre elle et Adèle hier, j'ai chialé. Surtout quand elle dit que son fils est un bon garçon en parlant de moi… » C'est assez rare, cette déclaration d'estime et d'admiration d'un acteur à une actrice, d'autant plus qu'à part aller lui dire bonjour je n'avais rien demandé à François.

Gilles débarque à 13 heures, malade comme un chien. Rhume, mal de tête, voix enrouée.

Aujourd'hui, scène de repas familial avec Lionel en invité. Et salade de pâtes au menu. C'est Manu qui s'y colle. Il a prévu de la quantité : « C'est facile avec les coquillettes. Sur *Le bonheur est dans le pré* [d'Étienne Chatiliez], je devais préparer des escargots. Au début, ça va. À la quinzième prise, ras-le-bol. Je mettais des boulettes de pain à la place. »

À table, le dialogue s'installe entre Clotaire et sa mère. Mais les autres interviennent en impro. Notamment Raphaël – évidemment. François se marre.

« Ça chauffe, là-haut ! On va en faire, des prises… »

Gilles laisse l'ambiance s'installer. Selon les moments, il est soit là, soit à l'ouest. Et avale ses médicaments. Tour à tour, la caméra se porte sur l'un ou l'autre des acteurs. Pendant les mises en place, François, Raphaël et Jean-Pascal balancent des vannes et jouent aux cons. Bon an mal an, les scènes sont jouées et filmées. Également celle entre Élodie et François. Reste celle entre Raphaël et François. Mais non. Gilles est trop malade. Journée écourtée. Les plans restants sont reportés au lendemain.

Un pour tout, tous pour François

Deux mois après la fin du tournage, François Civil replonge dans ses souvenirs.

Je le retrouve dans un bistrot de l'Est parisien. Dans quelques semaines sortiront *Les Trois Mousquetaires : Milady*, le second volet du diptyque dans lequel François interprète D'Artagnan. Ce rôle, deux ans après la sortie de *BAC Nord* où il joue un flic aux côtés de Gilles et de Karim Leklou, lui a donné encore un peu plus de poids dans le cinéma français. Il revient d'une quinzaine de jours de vacances qu'il a consacrés à sa passion : l'escalade.

François parle vite, sourit tout le temps et ajoute une bonne dose d'enthousiasme à chacune de ses paroles. Sur le plateau il adopte une attitude singulière : il est présent, discute avec qui veut, parle de tout et de rien, mais à l'observer, il est aussi totalement dans la scène avec son personnage. Comme un dédoublement de personnalité vécu avec beaucoup d'élégance, sans agacer personne.

« À la sortie de *BAC Nord* [le 18 août 2021], on est très contents parce que le film démarre fort. On fait la fête tous ensemble et à une heure avancée de la nuit, Gilles vient nous voir, Adèle et moi, pour nous dire qu'il pense à nous pour son prochain film. Ce sera une grande histoire d'amour.

On se regarde avec Adèle, on est fous de joie mais on ne veut pas trop lui montrer notre excitation. On comprend qu'il a le film en tête depuis très longtemps mais que l'idée de l'écrire pour nous est peut-être encore embryonnaire. On n'insiste pas. Suit un silence radio pendant… très longtemps.

Gilles est un acteur que j'ai toujours aimé. Pendant *BAC Nord*, on vivait en coloc dans une maison. Je l'ai vu travailler : il ne lâche pas l'affaire. Jamais. J'ai été impressionné par *Le Grand Bain*, ce qui me donne très envie d'être dirigé par lui. C'est aussi très flatteur.

De temps en temps, j'ai Hugo [Sélignac] au téléphone. Je lui dois beaucoup. Avant de jouer dans *Le Chant du loup*, qu'il a coproduit [avec Alain Attal], j'enchaînais les comédies romantiques. Ce film-là m'a apporté des rôles plus dramatiques et, grâce à lui, je me suis retrouvé à une autre place dans le cinéma français.

Je sais par Hugo que l'idée de nous faire jouer continue de germer dans la tête de Gilles. Je parle de temps en temps à Gilles, devenu un ami, mais jamais je n'aurais osé lui demander où en était son film. Jusqu'au jour où il nous convoque, Adèle, Jean-Pascal (Zadi) et moi, pour nous donner le scénario.

Je le lis dans le train. Je trouve le personnage magnifique et le film, incroyable. Je suis bouleversé et en larmes. Dans le wagon, les gens me reconnaissent et me demandent si je vais bien. Je suis secoué parce que le scénario résonne en moi. Je me sens proche de Clotaire mais aussi de Jackie. D'ailleurs, je crois être plus proche de Jackie : quelqu'un qui suit le sens du vent et à un moment, elle se révolte et dit non. J'adore aussi ce que l'histoire raconte : les choix à faire dans la vie, le déterminisme, l'émancipation. En tout cas, le personnage me fait vibrer.

J'ai tellement envie de jouer les scènes entre Clotaire et Jackie que je demande à Adèle qu'on lise aussi celles de Malik et de Mallory. Dans le scénario, la deuxième partie fonctionne en écho à la première : les non-dits et les actes manqués que nous vivons, Adèle et moi, sont nourris par la rencontre de Clotaire et de Jackie adolescents : la première fois qu'ils parlent de sexe, la première fois qu'ils se livrent, la première fois qu'ils se dévoilent l'un l'autre. J'aurais trouvé bizarre de jouer la deuxième partie sans avoir joué la première. Parce que c'est nous, en fait. J'ai même demandé à Adèle qu'on relise les scènes avant celle de nos retrouvailles à l'hôpital.

Le truc qu'il a fallu trouver, c'est la façon dont Clotaire se comporte après dix ans de prison. Je suis obligé de théoriser. Même Daniel Day-Lewis ne peut pas faire dix ans de taule pour jouer le type[1]. Je me prends un peu la tête là-dessus avant de tourner, et un jour je déjeune avec mon père qui me dit aller à Clermont-Ferrand faire une conférence sur la création dans le milieu carcéral.

Et là, il me parle de Jean de la Croix, un prêtre du XVIe siècle qui a écrit ses plus beaux poèmes lorsqu'il était incarcéré. Ça a été ma porte d'entrée dans le personnage. Comment le repli sur soi et l'enfermement peuvent amener à se dépasser. En prison, Clotaire apprend le dictionnaire et il écrit une liste de mots qui définissent Jackie. Une forme d'émancipation par le vocabulaire.

1. Daniel Day-Lewis est réputé pour se fondre à 1 000 % dans un personnage et adopter entièrement sa personnalité.

C'est compliqué de tourner par petits morceaux, un jour par-ci, un jour par-là, parce qu'à chaque fois, il faut remonter au créneau. Mais ça rend aussi tous les moments de tournage plus précieux et plus intenses. Il faut se reconcentrer, se remettre dans l'histoire, relire les scènes. De toute façon, depuis la préparation, mon cerveau est entièrement consacré au film. Je choppe tout. Ça peut être une odeur, un vêtement, une vidéo YouTube. Comme celle avec Marina Abramović et Ulay.

C'est un couple d'artistes des années 70 qui avait décidé de mettre en scène sa séparation. Ils sont partis chacun d'un point différent de la muraille de Chine, ont marché l'un vers l'autre et quand ils se sont rejoints, ils se sont regardés avant de repartir dans l'autre sens. C'était leur manière de rompre. Ils ne se sont pas vus pendant une vingtaine d'années, je crois. Un jour, Marina Abramović fait une performance au Moma, à New York, elle est assise sur une chaise, elle a les yeux fermés, quelqu'un s'assoit devant elle puis elle ouvre les yeux… Et là, elle voit Ulay, son ex, vingt ans plus tard. Tu imagines l'intensité du moment ! Sur la vidéo, il se passe un truc tellement fort dans leur regard que je me suis dit que la scène de l'hôpital entre Clotaire et Jackie devait être la même intensité. J'ai montré la vidéo à Adèle avant de tourner. Ça nous a aidés.

Malik et Mallory ? Putain… ça, c'est un dossier. On ne les a pas beaucoup vus mais Gilles nous montrait des scènes avec eux de temps et temps et d'ailleurs j'insistais pour voir Malik, repérer sa façon de jouer, ses gimmicks, sans forcément être dans le mimétisme. Ce sont deux stars. Franchement, ce niveau de jeu à cet âge-là, on ne voit pas ça tous les jours. Tu vois bien que la caméra les aime. Malik est tellement beau que j'étais gêné de le remplacer. Heureusement qu'il y a la prison, on peut se dire que Clotaire a morflé parce que sinon…

Gilles est un grand metteur en scène. Ça se voit. Il assume ses effets à l'intérieur d'une histoire qui est d'une grande simplicité. Si l'équilibre entre les deux est réussi, ça va être grandiose. »

Du son et du flou

Deloche, donc. Son nom de famille. C'est ainsi que tout le monde appelle Deloche. Mais Cédric lui va bien aussi. Il est ingénieur du son et marseillais. Nommé deux fois aux Césars pour *Le Grand Bain* et *Novembre*. « L'ingé son », c'est celui qui emmerde tout le monde sur un tournage. Davantage que le gars de l'image, en tout cas. Si un camion démarre mais ne passe pas dans le cadre, tout va bien. Sauf pour l'ingé son qui l'entend obligatoirement et fait refaire la prise. Ce qui agace souvent. Car le son est partout, tout le temps. Explosion ou chuchotement, c'est la même chose.

Ce jeudi 8 juin, Gilles tourne une scène importante dans la cave d'une des barres d'immeubles de la cité. La 123. Celle où Clotaire, sorti de prison, parle à sa bande, évoque la vie de galère de son père, et justifie son désir de révolte et de vengeance. Un long monologue que Gilles a écrit la veille, ou quasi, et que François a dû apprendre dans la foulée.

Dans la cave, il n'y aura pas de décollage d'avion et Cédric s'en félicite. Mais il y a un système de ventilation énervant. « Chaque lieu possède un son global dont il faut comprendre les composantes. Imagine un ascenseur. D'où vient le son ? Des câbles, du sol, des parois ? C'est le genre de questions que je me pose. Ici, la solution serait de couper la ventilation pour enregistrer convenablement le monologue de François, puis de la réintégrer au mixage afin de rendre la scène réaliste. Ce ne sera pas possible car couper la ventilation, c'est gêner tous les habitants de l'immeuble. Faut se débrouiller avec ces contraintes. »

Autre paramètre à prendre en compte : la cave est basse de plafond, ce qui modifie la fréquence des sons donc la façon dont on entend les paroles. Et si le plafond est bas, la perche est interdite car elle sera systématiquement dans le cadre. Solution : un micro-cravate pour François et d'autres micros planqués dans la cave pour l'ambiance. C'est plus simple de prendre des notes sur un carnet…

À ce moment-là, Deloche – allons-y pour Deloche – me balance mine de rien la phrase de la journée : « C'est très politique, un son. Il n'est pas le même dans un appartement haussmannien ou dans un HLM, à Paris ou à Marseille. Un son, c'est la réalité sociale que les gens reconnaissent. Se tromper, c'est rendre le film hors de la réalité qu'il voudrait montrer à l'image. » Je n'avais jamais vraiment pensé à ça.

Quand on se rend sur un tournage, même dans l'optique d'écrire un article, on se focalise essentiellement sur le jeu des comédiens, le comportement du cinéaste, un peu la météo, la cantine, au revoir, merci. La technique est quasiment toujours laissée de côté. Elle n'est jamais sous les feux des projecteurs, elle fait son boulot et basta. Les différents techniciens – image, son, machino, régie, éclairage… – travaillent à la fois en autonomie et en liaison les uns avec les autres. Chacun a un boulot spécifique à faire pour chaque scène et, tout à coup, lorsqu'il est temps de tourner, tout est en place, tout est lié, sans qu'on ait eu le temps de s'en apercevoir.

Voyez Deloche. Il trimballe son « bureau », un chariot monté sur deux roues où se trouve tout ce dont il a besoin : enregistreur, casque, micro, perche, piles, câble… Et une petite table de mixage portative grâce à laquelle il règle le volume sonore de chaque micro correspondant à chaque acteur présent pour la scène, à l'aide de curseurs différenciés par des couleurs – bleu, vert jeune, orange –, un véritable arc-en-ciel. Clément et Simbad – je ne me remets pas de ce prénom voyageur – l'assistent et tous les trois font leur cuisine en s'informant des plans à venir.

Trois semaines avant le tournage, les chefs de poste visitent chaque décor pour noter ce qu'il y aura à faire. Pour la scène dans la cantine du lycée, il faudra couper la chambre froide qui fait trop de bruit, donc vider ce qu'elle contient pour ne pas perdre les aliments. Pas compliqué. Mais il faut le faire. Pour les scènes en voiture, il faudra « moquetter » le son pour assourdir le bruit du moteur. Et ainsi de suite.

Finalement, pour la scène dans la cave, Deloche pose un micro-cravate à l'intérieur du revers de la veste de François – son discours est trop important pour en perdre une miette –, utilise la perche, en faisant très attention au cadre, pour choper les approbations des gars autour de Clotaire, et dispose trois micros d'ambiance. La totale. François, assis sur une chaise, clope à la main, se lance dans son monologue. Au cordeau. Évoquant son père, le travail des ouvriers et la façon dont les patrons se comportent avec eux, Clotaire conclut : « Jamais bonjour, jamais au revoir. »

Raphaël Quenard, debout derrière lui, ajoute : « Jamais à bientôt. » Ce n'est (évidemment) pas prévu. Ça fait marrer tout le monde, notamment François. Et Gilles. Qui donne son accord pour cette impro. Mais elle ne sera pas gardée dans le montage final, Gilles ayant considéré que, vu la teneur ferme et décidée du discours de Clotaire, les mots de Kiki l'affadissent. Ça se défend.

Une fois la scène tournée, Deloche s'occupe de faire des sons « seuls » ; des sons d'ambiance. « L'immeuble, ça vit. Il faut l'entendre. » Clément, Simbad et lui enregistrent la circulation, l'air ambiant, les bruits venus des soupiraux… Ces sons-ci peuvent ne pas servir. Ça se décidera au montage selon les plans utilisés.

Quoi qu'il arrive, ils rejoindront la banque sonore de Deloche qu'il complète régulièrement : aéroport, gare, rue, bateaux, port… Lors d'une scène dans le repaire de La Brosse, un grand hangar agricole, il enregistrera le son d'un tracteur, d'un Fenwick, d'une machine à trier les patates, d'un tapis roulant. Il n'y a pas de petits profits. Des sons qu'il échange avec d'autres camarades qui, eux, ont enregistré l'océan, la montagne, les vaches.

Dans *Blow out*, le meilleur film de Brian de Palma, John Travolta, « ingé son » de métier, enregistre des sons nocturnes dans les bois. En les triant et en les réécoutant plus tard, il se rend compte que le bruit d'un pneu éclaté, qui a entraîné un accident de voiture et la mort d'un homme, se confond avec un coup de feu. Début d'un grand suspense, et magnifique hommage au cinéma – et à sa technique.

J-C, dit aussi Jissé, se prénomme Jean-Christophe (Allain). Il est premier assistant opérateur mais surtout pointeur. Il y a plusieurs définitions du pointeur selon le lieu où il opère, en prison, en informatique, en entreprise, en mathématiques de l'espace. En cinéma, c'est celui qui fait le point. Ou le flou. Parfois dans le même plan. Que l'image soit nette ou floue n'est d'ailleurs pas la question, même si elle est nette le plus souvent. Mais le pointeur peut volontairement rendre floue une image ou passer à volonté, suivant les instructions du réalisateur, du net au flou et du flou au net, voire du net au net sur deux personnes différentes. Le flou, lui, reste flou. Quoique. Comme le dit J-C, à qui l'on doit la nouvelle phrase du jour que je ne suis pas sûr d'avoir totalement comprise : « Un bon pointeur se juge à la qualité de son flou. » Non, ce n'est pas une contrepèterie.

J-C a une bonne trentaine de films au compteur. Jamais de série, jamais de télé. Le cinéma est, selon lui, « la noblesse du pointeur ». Il suit Gilles et Laurent, le chef op, depuis toujours. J-C a appris sur le tas, d'autant que ce n'est pas forcément un poste à ce point identifié sur chaque tournage. Bien souvent, le pointeur regarde sur un écran installé sur la caméra et ne jouit pas d'une telle autonomie. Mais cette position donne à J-C une grande responsabilité. « Tous les jours je loupe, tous les jours je m'en veux. Pourtant, je n'ai aucune pression car je pense justement que j'ai le droit de louper. »

J-C a la réputation d'être l'un des meilleurs dans son domaine. Sur un plateau de tournage, il est souvent planqué dans un coin, assis presque par terre sur une boîte en bois, face à un petit écran, une casquette vissée de travers sur la tête, un grand drap noir qui le recouvre presque entièrement. Aucun rai de lumière, aussi infime soit-il, ne doit venir s'écraser sur l'écran et perturber l'image.

Ce 9 août, tournage au Black Bull Pub, au centre commercial Cité Europe à Coquelles, à une petite quarantaine de kilomètres de Dunkerque. Ici, les véhicules qui se rendent en Angleterre par le tunnel sous la Manche se faufilent à travers les hautes grilles qui entourent les lieux sur des dizaines de kilomètres. Un soir, un des camions du tournage a été contrôlé par la police. La fouille n'a rien donné.

Scènes de nuit, 18 h 00 – 3 h 00. Clotaire, ado, intègre petit à petit la bande de La Brosse. La soirée bat son plein dans le pub et les sbires du boss préparent le braquage à venir. Jackie tente désespérément d'accrocher le regard de Clotaire qui semble la délaisser. Une cinquantaine de figurants sont prévus.

J-C est dans un renfoncement du pub, sa boîte noire à la main dont il tourne la molette pour régler à volonté l'objectif de la caméra. Deloche, lui, a prévu perches et micros. Quant au « couple » Gilles et Julie, il fonctionne en tenaille, lui sur le jeu, elle sur les enjeux, sans que ce soit douloureux pour autant.

La scène est compliquée. Non pas à cause de ce qui s'y passe mais parce qu'il y a du monde et qu'il faut rendre lisibles la préparation du braquage et le jeu de regards entre Clotaire et Jackie. Gilles est tendu et impatient. C'est rapidement le foutoir : trop chaud, trop bruyant, trop de fumée, trop de jeu. Besoin d'une petite pause pour se calmer. Ellipse du récit : ça y est, fin de la pause.

Plan sur Jackie qui s'ennuie au comptoir alors que Clotaire est de l'autre côté du pub avec la bande de La Brosse. La caméra zoome sur Jackie. J-C : « Je fais faire le point à la vitesse du zoom. » On voit la difficulté : l'avancée du zoom est automatique quand J-C se contente de tourner sa molette à la main. La machine contre l'être humain ; un classique.

Dans une autre scène, la caméra suit tour à tour les membres de la bande de La Brosse et La Brosse lui-même, pendant qu'ils conversent. J-C : « Je fais le point à l'oreille. » Comprendre qu'il suit le dialogue.

Reste un plan sur Jackie, au milieu des figurants, qui se rapproche de Clotaire. Ça bouge et ça circule. J-C : « Je ne comprends pas le moment où je change de point ; je vais me faire engueuler. » Plusieurs prises tombent à l'eau. J-C propose d'alterner le point entre Jackie, debout en milieu de plan, et La Brosse, assis au fond du plan. Ça permettrait un montage plus facile. Non, Gilles veut le point sur Jackie, et qu'on reste sur elle. Pas la peine de s'exciter sur la mollette. Pourtant, le moindre déplacement qui fait varier la distance entre l'objectif et Jackie nécessite un ajustement permanent. Net et précis. Mais autour de Jackie, les flous sont magnifiques.

Benoît, maître chanteur

Serge Lama, sors de ce corps !

Benoît Poelvoorde est debout sur une petite estrade, micro à la main, face aux mariés et leurs invités. Derrière lui, un orchestre composé d'une batterie, d'un violon, d'une guitare et d'une basse. Les musiciens sont des pros, habitués aux concerts. Benoît, beaucoup moins. Au dernier moment, Gilles décide, pour la première prise, d'écarter le public : ce sera uniquement Benoît et les musiciens afin que la caméra les filme plus facilement. Benoît est nerveux. Il tient entre ses mains légèrement tremblantes les feuilles sur lesquelles sont écrites les paroles de la chanson. Oui, il va chanter. *D'aventures en aventures*, de Serge Lama :

Mais d'aventure en aventure
De train en train, de port en port
Jamais encore je te le jure

Je n'ai pu oublier ton corps...

Mais comment en est-on arrivé là ?

Jeudi 27 juillet, 19 h 00 – 4 h 00, Hôtel moderne à Bully-les-Mines (Pas-de-Calais), entre Lens et Béthune. Séquence 91. La vraie fête du faux mariage. Vin d'honneur à l'étage, salle de restaurant et piste de danse au rez-de-chaussée. Pour l'instant, ça discute changements du plan de travail à venir entre Fabien et Vincent.

Les émeutes de la veille, qui ont touché la plupart des régions françaises, dont le Nord, ont poussé les autorités à interdire l'accès à plusieurs sites. Il va falloir décaler des scènes en attendant le retour au calme. C'est la galère. La météo de la semaine du 31 s'annonce pluvieuse. C'est la galère (bis). La séquence des ados dans la cascade, avec baignade et sourires, doit se dérouler sous le soleil. Elle est reportée au 14 août. Ce qui veut dire qu'il faudra sans doute travailler le 15. C'est la galère (ter).

Benoît arrive sur les lieux un peu avant 19 heures. Les décibels montent d'un cran. Il râle, il plaisante, il dit bonjour, un mot ici, un mot là. C'est le spectacle permanent. C'est son troisième jour de présence sur huit. Et il ne vient qu'une fois deux jours d'affilée. « Un tournage gruyère. » Il déteste ça.

Mais il a dit oui à son pote. Gilles met d'abord en boîte les scènes du vin d'honneur. Petite mise en jambes avant la fête, la foule, la musique, toujours plus compliquées à filmer.

La grande salle du rez-de-chaussée est décorée avec goût. Perdrix, tête de chevreuil, canard et belette empaillés sont accrochés au mur. Pour être cohérent et respecter cet univers à la Martin Parr (le photographe anglais), Jean-Philippe, le chef déco, a imaginé un buffet à la hauteur, dont un paon en tranches de saucisson, de salami, de mortadelle, de jambon et de pâté, plus quelques morceaux de cornichon et de tomate pour la couleur. Magnifique.

Après la pause dîner, scène de discussion entre Malik et Benoît autour de la pièce montée qui, à cause de la chaleur et de l'attente, se casse la gueule malgré le ventilo qui tente de rafraîchir les choux et l'atmosphère. Une bonne excuse pour accélérer le mouvement. Et pour Benoît, l'occasion de demander de faire plus court et de couper dans son dialogue. Demande refusée. Mais c'est bien essayé.

Benoît est un comédien que j'ai vu évoluer, changer, grandir. Je le connais depuis ses débuts en 1992, à l'époque de *C'est arrivé près de chez vous*. Que les choses soient claires : je l'aime énormément et l'objectivité dont je pourrais, ou devrais, faire preuve ici est entièrement remise en question, voire totalement inexistante. Nous sommes gauchers et nés le même jour, ce qui coche les cases essentielles d'une relation amicale sincère, mais « en gruyère » à cause de la vie (en gros). Pas intime non plus.

La faconde et l'extraversion dont il faisait preuve à ses débuts, évidemment poussées par ses personnages, ont laissé place à plus de mesure et de gravité. D'Auguste, Benoît s'est mué en clown blanc. L'âge, les rôles, les angoisses, le talent aussi. Benoît est un joueur et une bête de scène. Il aime se faire voir et le public qu'il attire naturellement à lui, que ce soit une salle pleine ou trois badauds, lui donne l'illusion d'être toujours en représentation. Benoît a l'humour provocateur, le verbe drôle, la moquerie grinçante et toute la panoplie de l'amuseur qui va avec.

Là n'est pas la médaille poelvoordienne, plus sûrement son revers. Ce qui brille chez lui, il le cache. Mais parfois, Benoît se livre. Surtout quand il parle littérature. En 2013, il crée à Namur, sa ville, « L'intime festival », lors duquel des comédiens lisent sur scène des extraits de texte – roman, poésie, nouvelle… Il a remis le couvert tous les ans avant d'en laisser les rênes à d'autres. Benoît parle mieux de Léon Bloy que d'Orson Welles et se passionne davantage pour Antoine Blondin que pour Akira Kurosawa. Il aime aussi beaucoup Richard Brautigan, ce qui permet de cocher une autre case entre nous.

En venant de Namur en voiture, Benoît s'est passé la chanson mille fois pour l'apprendre. Il avoue buter encore sur des passages entiers. En fait, il n'aime pas cet exercice qui l'angoisse. Gilles le sait. Chanter, c'est caresser une intimité qui va mal à cet homme si pudique quand on le croit grande gueule. Il ne peut pas non plus faire ce qu'il maîtrise à la perfection : improviser.

Benoît sait se rattraper aux branches sans tomber. Lors de sa première scène, où il est retenu avec sa bande dans une salle de commissariat, Gilles lui a demandé de raconter des anecdotes de chasse pendant qu'il filmait l'ambiance des lieux. Benoît s'est mis à improviser deux, trois, cinq histoires, une différente à chaque prise. Surréalistes, absurdes, belges. Ai-je besoin de préciser que Benoît ne chasse pas ?

Cette fois, il faut coller aux paroles. Pas d'échappatoires, pas de pirouettes. D'autant qu'il n'y a pas eu de répétitions avec l'orchestre. Pour quoi faire ? Ça se joue sur place et maintenant. Benoît se chauffe avec eux et se teste sur un couplet. Il se trompe trois fois. S'agace et ne trouve même pas la force de faire l'Auguste. Pas la peine de continuer : il faut se jeter à l'eau. Avancer en chantant. C'est le moment. Silence dans les rangs. Laurent tient sa caméra à l'épaule. Les musiciens jouent l'introduction et Benoît se lance :

Bien sûr j'ai d'autres certitudes
J'ai d'autres habitudes
Et d'autres que toi sont venues,
des lèvres tendres et les mains nues bien sûr
Bien sûr j'ai murmuré leur nom,
j'ai caressé leur front

Et jusqu'au bout, Messieurs, Dames. Interprétation magistrale. Longs applaudissements. Émotion. L'Auguste s'est encore une fois transformé en clown blanc. On ne l'arrête plus. Un véritable maître chanteur. Mais tout à coup, entre deux prises, il s'inquiète auprès de Gilles :

« Ôte-moi un doute : je reste quand même le personnage ? C'est toujours un bourrin qui chante ?

— Oui, et c'est ce qui est beau. Ça te va comme réponse ?

— Je vais y réfléchir… »

Encore une plaisanterie pour tapisser la pudeur. Suivront d'autres prises sur les mariés et les invités qui se régalent d'assister à un moment rare. Surtout quand Benoît glisse sur un *je n'ai pu zoublier ton corps.*

Fin de la séquence et conclusion lucide de Gilles : « Il avait vraiment le trac. Maintenant ? Il va être en grande forme. » C'est vrai. Il le connaît bien, le bougre. À tel point que la séquence suivante entre Benoît et Malik dans la cuisine glisse toute seule.

Malik a trois mots à dire face à Benoît qui peut jongler à volonté entre impro et respect du texte.

Samedi dans la journée, Benoît a repris sa voiture pour rentrer à Namur.

Journée naufrage

Dîner avec Gilles – lundi 7 août, après trois mois de tournage.

« Plus j'avance, plus c'est dur. Physiquement d'abord. Et puis le doute s'installe : l'entièreté du film est-elle cohérente ? J'imagine des pleins et des déliés, du calme et de la violence, et ce serait évidemment plus facile de mesurer la fluidité du récit si on tournait les scènes dans l'ordre. Mais ce doute permanent ne bride pas mon enthousiasme. Il faut juste apprendre à vivre avec. Et être vigilant. Avec le temps, le réalisateur que je suis va prendre le pas sur le comédien. Je n'ai aucune forme de lassitude quand je tourne. C'est un plaisir constant. Je sais que mes choix fonctionneront au final, mais étaient-ils les bons au départ ? Là est toute la question.

Heureusement, l'équipe suit car il faut que le tournage reste joyeux. Ce qui me guide toujours, c'est le rythme, la sensation, la musique. Et les images que j'ai toujours à l'esprit de *Rusty James* et d'*Outsider* de Coppola, de *Trainspotting* de Danny Boyle, des films de Ken Loach et de Martin Scorsese, de William Friedkin et de John Boorman. Le thème commun, c'est la confrontation des mondes pour faire triompher l'amour.

La préparation des deux premiers mois a été verrouillée, après, c'est toujours plus incertain. Je savais qu'on allait perdre du temps avec la technique et la météo. C'est inévitable. »

C'est exactement ce qui s'est passé, il y a dix jours, pour la grande scène chorégraphiée par la compagnie (La)Horde, entre Mallory et Malik, sur *A Forest* de The Cure.

Institut Saint-Henri à Comines-Warneton en Belgique. « École secondaire, enseignement général, technique, professionnel et en alternance », selon le site de l'école. 22 h 00 – 5 h 30. Longue nuit en perspective.

De grands bâtiments entourent une cour tout en longueur. Un immense cadre de lumière surplombe le terrain de basket. Deux poursuites de lumière – des projecteurs capables de suivre les acteurs – montées sur grue et pilotées du sol par ordinateur sont disposées de chaque côté de la cour. Un long tuyau crache de la fumée. Lumière, fumée, danse : ambiance fantastique et onirique garantie.

Gilles donne ses instructions à Malik et à Mallory : « Dansez comme si vous étiez portés par l'énergie amoureuse. » Puis à Laurent dont la caméra est fixée à un long bras télescopique : charge à lui de suivre le couple en tournant autour si possible. Réponse classique de Laurent : « Oui, bien sûr. »

Deloche lance la musique. Et l'arrête dix secondes plus tard. Les poursuites ne poursuivent rien. Ou pas ensemble. Il est 22 h 30. On attend. Les poursuiteurs répètent. 23 heures. On attend toujours. Les poursuites se règlent. 23 h 30. On s'impatiente. Même problème à chaque fois. « C'est la merde. » Ça, c'est dit. Gilles décide de décomposer la chorégraphie pour faciliter le travail des poursuiteurs. Nouvelle tentative. Rien ne fonctionne.

À 00 h 07, Mallory annonce que c'est l'heure de son anniversaire. *Happy Birthday to her.* Ça détend l'atmosphère. 17 ans. « C'est le temps qu'il faut pour faire ce plan ! » lance Gilles avec un certain sens de l'à-propos.

On y retourne. Gilles vire la poursuite de gauche. « Une seule suffira. » En fait, non. Un machino monte alors dans la nacelle pour diriger la poursuite de droite à la main. Gilles râle, s'énerve, rerâle. Il s'extirpe de son fauteuil et se rend au milieu du terrain de basket, transformé en piste de cirque où tournerait un lion en cage. Image étrange d'un homme seul dans la nuit qui mime les trajectoires des danseurs pour le machino à la lumière. « La journée naufrage du tournage. » On ne lâche rien. Mais le moral semble avoir quitté la terre belge.

1 h 35 : une première prise de bonne. Applaudissements. Gilles reprend un peu d'énergie. Pour la seconde, Alain Attal, le producteur, croise les mains comme s'il priait le Dieu des frères Lumière. Plutôt réussie. Gilles demande que la poursuite suive Mallory et Malik au ras du sol. C'est évidemment plus facile. Mais pas sûr que ce plan-là ait été prévu. Trois prises sont mises en boîte. Fin à 4 heures au lieu de 5 h 30. Coup de fatigue. Le dernier plan est reporté au lendemain. C'était compter sans la pluie qui tombera toute la nuit.

Gilles a encore à l'esprit cette nuit noire.

« Il y avait sans doute trop de moyens techniques. On ne s'est pas posé la question de savoir si la poursuite de lumière devait être manipulée à la main ou assistée par ordinateur. Il semble qu'à la main aurait été préférable tout de suite. Il y a des plans que je n'ai pas. Je crois qu'il faudra y retourner. » Effectivement, ce sera le vendredi 16 septembre.

Existait-il un film dont une scène de danse a été tournée à 4 heures du matin ? Peut-être. Mais maintenant, c'est sûr.

Dans le décor

Jean-Phi est toujours en avance. Peut-être sur son temps, en tout cas sur l'agenda du tournage. Le chef déco doit préparer les lieux qui serviront aux différentes séquences avant que tout le monde débarque. Aujourd'hui, mercredi 16 août, réunion matinale entre Jean-Phi, Vincent et Fabien, rue de Bourgogne à Dunkerque. Il s'agit de transformer les vitrines et les magasins pour le tournage du 30. Qui sera finalement reporté au 31.

Le 30 aura lieu la scène de l'accident de voiture que provoque Clotaire. Cette scène-là a déjà été tournée le 10 août mais elle a totalement foiré. La voiture, soi-disant conduite par Tony, le fils de La Brosse, mais en fait par un cascadeur, devait faire deux tonneaux ; elle a juste fait pschitt. Cascade loupée dans les grandes largeurs et plan de travail à nouveau modifié. Mais quand le tournage sera terminé, dans un peu moins d'un mois, il sera dit que, finalement, les énormes galères ont été évitées. Le carré a fini par rentrer dans le rond sur ce plan-là aussi.

Jean-Phi, Fabien et Vincent arpentent la rue et s'arrêtent devant chaque magasin. Ce bureau d'architectes sera transformé en boucherie dont on verra uniquement la vitrine. Il faudra changer la façade du bistrot pour qu'il ressemble à ceux des années 80. Penser à enlever les horodateurs. Installer un disquaire dans ce commerce vide. Construire une palissade pour boucher la vue sur la cité adjacente. Cacher les volets roulants qui n'existaient pas à l'époque. Quand le propriétaire des lieux est injoignable, la devanture est repeinte pour imiter un commerce à l'abandon. Puis remise en l'état. Tout le monde est déjà au boulot. Peintres, menuisiers, serrurier…

Si Jean-Phi imagine tous les décors, Diéné, l'ensemblière, est chargée de les habiller : c'est elle, par exemple, qui trouvera le billot de boucher qui convient. Régulièrement, Diéné parcourt les routes, en France et à l'étranger, pour dénicher un bureau, une boîte à lettres, des sièges de jardin, un carton de Rubik's Cubes, des enseignes de bar, et mille trésors encore qu'elle entrepose à Marseille où elle habite.

Les bureaux provisoires de Jean-Phi sont situés à l'écart du centre-ville sur la route qui mène à ArcelorMittal. Dans une des pièces se trouve la maquette du port où Gilles tournera dans une semaine l'importante séquence du braquage du fourgon de la banque. Pendant ces trois jours, dont un week-end à cause des changements du plan de travail et d'une fréquentation moindre, il réalisera cinquante-cinq plans. C'est beaucoup. Et tout va y passer. Caméra à l'épaule, plans à la grue, plans sur une grue, sur le pont d'un bateau, dans la cabine du fourgon, à l'intérieur d'un camion-citerne, plongées, contre-plongées, scènes de tir, d'explosion, mort d'un convoyeur, course-poursuite…

J'ai voulu garder en souvenir une douille 9 mm expulsée par un Walter P 38, l'arme notamment utilisée par Sean Connery, *alias* Bond James Bond, dans *Goldfinger*. Alex, l'armurier, m'a prévenu : « Faites attention. Si vous oubliez la douille par inadvertance au fond d'une poche et que vous franchissez les portiques à l'aéroport, vous allez directement en salle d'interrogatoire. » Pas trop envie, finalement.

Jean-Phi est passé par la création industrielle, la scénographie et l'architecture d'intérieur avant de débarquer au cinéma au début des années 2000 comme assistant déco et de passer chef en 2006 sur *Chrysalis* de Julien Leclerc. Il a été nommé aux César pour *La French* de Cédric Jimenez. Son truc, c'est le dessin. Il crobarde, il esquisse, il trace, il gomme. « Ça me projette dans l'univers du film. Le scénario est ce qui me pousse, ou pas, à dire oui. Après, j'évalue ce que j'aurai à faire. Pour *L'Amour ouf*, il y avait du beau boulot. Chef déco, c'est faire l'examen de ses compétences à chaque tournage. »

La Bible de Jean-Phi c'est son *mood board*, entre « planche de tendances » et « livre des humeurs ». Il y mêle ses dessins, les photos des repérages, des maquettes, et celles des photographes qui vont l'inspirer. Cette fois, il a pensé au Britannique Martin Parr, à l'Américain William Eggleston et au Belge Harry Gruyaert pour la façon dont ils intègrent la couleur et le choc des mondes dans leur travail, surtout pour les photos en extérieur.

Il est 19 h 15, le moment de se rendre à l'hôpital maritime de Zuydcoote où le tournage a commencé depuis une bonne heure. La séquence est importante : les retrouvailles entre Clotaire et Jackie et leur première grande scène de dialogue après leur longue séparation. Comme pour la société de location de voitures, construite par l'équipe de Jean-Phi, sorte de boîte en bois posée place François-Mitterrand à Lille – premier jour de tournage –, c'est au milieu de la salle des fêtes de l'hôpital que se trouve une autre boîte en bois : la salle où Jackie va se faire recoudre une blessure à la tête en présence de Clotaire.

Ils sont assis sur un lit, l'un en face de l'autre, pendant que l'infirmier s'affaire.

François Civil : « On l'attendait, celle-là. Quand j'ai lu le scénario, j'ai bien vu que cette scène était la clé de voûte de la nouvelle relation entre Clotaire et Jackie. »

JACKIE
Alors on commence par quoi ?

CLOTAIRE
Je sais pas, par : tu m'as manqué.

JACKIE
Ah non, mais là, tu vas beaucoup
trop vite.

CLOTAIRE
Ben alors, je sais pas… tu me
trouves comment ?

Elle le dévisage. Elle rit.

JACKIE
Ben disons que t'as changé.

CLOTAIRE
Mais changé ça veut rien dire…
Enfin si, c'est pour éviter de dire si c'est en bien ou en mal.

JACKIE
Ben plutôt en bien.

CLOTAIRE
Ben pourquoi plutôt ?

JACKIE
Oh là là, t'es devenu narcissique. Ben je sais pas moi, dans mon souvenir t'étais plus grand. Mais t'as plus d'acné, c'est déjà ça.

CLOTAIRE
Ben tu vois, moi, dans mon souvenir,
t'étais méchante, et ben je suis ravi de voir que t'as pas changé.

Je sais bien qu'ils sont bons tous les deux. Mais à chaque prise, il y a un changement imperceptible, un nouveau regard, un hochement de tête supplémentaire, un mouvement de la main, un sourire en coin. Là encore me vient à l'esprit cette idée des scènes qui passent de l'imagination des scénaristes à l'incarnation des comédiens et dont on ne sait jamais ce à quoi elles vont véritablement ressembler. Évidemment, Gilles les dirige et leur a demandé de laisser passer régulièrement quelques courts moments de silence entre leurs répliques. Mais au final, c'est tout de même eux qui fabriquent le truc.

Et le meilleur est à venir. Scène suivante, même lieu.

CLOTAIRE

Bah, moi, j'ai fait une liste de mots que je garde sur moi au cas où je t'aurais croisée quelque part, par hasard. J'ai tout fait pour mais le hasard voulait pas de nous. Et puis de toute façon si c'était arrivé, j'aurais perdu le contrôle. On n'est jamais prêt quand on attend les choses, non? C'est pour ça que j'ai une liste avec tous les mots qui me font penser à toi. Et j'ai appris leur définition par cœur. Parce qu'ils t'appartiennent, ils sont ce que tu es, ils sont ceux que j'aurais aimé inventer même. C'est les mots de Jackie, quoi. C'est toi. Il y en a 457, tu veux que te les lise?

JACKIE

457?

CLOTAIRE
Ouais… C'est pas assez ?

Elle a les larmes qui lui montent aux yeux.

JACKIE
T'es vraiment qu'un sale connard.

CLOTAIRE
Je sais.

JACKIE
Un putain de connard.

CLOTAIRE
Je sais ça.

Changement de plan. La caméra est à l'extérieur de la boîte et entame un très lent travelling de sept secondes exactement pendant que Clotaire lit ses 457 mots à Jackie. Il ne va pas tous les lire. D'autant qu'une musique viendra couvrir le dialogue. En fait, on n'en entendra pas un seul. Ni à l'écran, ni même pendant le tournage. Choix du réalisateur. Très frustrant. Voire très agaçant. Pourtant, François tient entre les mains une feuille sur laquelle on devine quelque chose d'écrit. Une liste de courses peut-être… Mais non.

C'est Manu, l'indispensable Manu, qui a planché sur une liste de mots. Sans doute pour devancer cette demande pertinente ou incongrue dont il m'a parlé un jour. Sauf qu'il n'y a eu aucune demande. Mais j'ai réussi, au prix de mille promesses inavouables, à me procurer cette liste. C'est donc un scoop : voilà quelques mots que Clotaire a lus à Jackie, telle qu'il l'imagine, sans que personne ne les ait jamais entendus.

Responsable, resplendissante, rieuse, ritournelle, langoureuse, sirène, audacieuse, vivace, volatile, libre, aimable, aidante, conquérante, flamme, fougue, rusée, stratège, rocambolesque, harmonieuse, délicate, refuge, nostalgie, irrésistible, obsession, sexe, irremplaçable, inspirante, parfumée…

Derniers jours

Et c'est déjà Marseille. Et c'est déjà presque la fin. Trois jours de tournage. Dont le dernier plan du film, mis en boîte à Marignane dans un grand centre aquatique laissé à l'abandon au moment où le soleil s'apprête à se coucher. Ce n'est pas encore le cas. Il faut attendre une bonne heure alors qu'il n'y a pas grand-chose à faire. Le plateau se transforme en centre aéré.

Julie pose sa tablette multifonction : « Ces moments de relâchement sont rares. Ça fait du bien après quatre mois. » Un atelier Uno se met en place avec Adèle, François, Hugo et Gilles. Tous les quatre autour d'une table. Le paquet de cartes, acheté à Lille, a résisté aux vicissitudes du temps. J'ai cru comprendre qu'il avait beaucoup servi lors des soirées d'après-tournage. Gilles le gardait précieusement. Au point d'édicter quelques règles pas forcément valables. En tout cas, elles ont entraîné des débats animés et de sérieuses investigations. Finalement, le patron a décidé des règles : « Si, j'ai le droit de terminer la partie avec une carte noire +4. »

À 19 h 40, le dernier plan du film est tourné – je ne révélerai pas la fin, même sous la menace. Il faut juste savoir que Thomas, dit Toto, le chef machino, a installé un travelling complexe qui permet à la caméra, tout en restant fixe, de se déplacer en angle droit. Félicitations demandées. Félicitations reçues. Trois prises sont mises en boîte. Il reste quatre minutes de soleil avant qu'il se couche à 20 h 21. Le temps d'en tourner une quatrième. Hugo, ému, vient embrasser Gilles.

Vendredi 8 septembre. Dernier jour.

Même lieu. Quasi même scène, située quelques instants avant celle tournée la veille mais avec danseurs et chorégraphie en plus. Il est midi, tout le monde arrive petit à petit. Les comédiens, les producteurs et toutes celles et tous ceux qui ont participé au film dans les bureaux. L'équipe de *Beau geste*, l'émission de cinéma sur France 2, est là, venue filmer les derniers moments de *L'Amour ouf*. Pierre Lescure en personne s'est déplacé.

Gilles demande de balancer la musique à fond : *Love Is all*, de Roger Glover. La chanson vaut tout un programme à elle seule. Un mot aux danseurs à qui il demande précision et enthousiasme. À la neuvième prise, un avion, qui vient de décoller de l'aéroport de Marignane juste à côté, traverse le coin droit du cadre. Graphiquement, c'est parfait. Il aurait pu être ajouté à la post-production pour habiller joliment l'image ; il est juste arrivé sans crier gare à l'exacte seconde. Ça ne s'invente pas. Mais l'équipe gardera ce drôle de moment pour elle puisque le plan ne sera pas retenu.

Changement de décor. L'équipe s'installe à quelques mètres du centre aquatique sur un grand terrain qui borde la plage du Jaï, à la limite de l'étang de Berre, à gauche, et l'étang de Vaïné, à droite. En face, le port méthanier de la pointe de Berre se détache sur le ciel bleu.

Dernière scène à tourner : une grande séquence chorégraphiée par (La)Horde, qui se clôt par une surprise – je ne révélerai toujours rien, même sous la menace. Des invités continuent d'arriver pour la traditionnelle fête de tournage prévue le soir : Alain Chabat, Benoît Magimel, Simon Jacquet, le monteur, Vincent Lacoste, Karim Leklou, Ahmed Hamidi, le scénariste… L'ambiance est au beau fixe mis à part un point noir important à régler. Il faut prévoir un poste de télé pendant la fête puisque le match France-Nouvelle-Zélande ouvre la Coupe du monde de rugby. Ce sera fait.

Une fois n'est pas coutume, un plan au drone sur les portés des danseurs fonctionne parfaitement. Gilles : « J'ai parfois l'impression que le film nous dépasse. Qu'il a pris sa propre vie. » Un temps : « C'est pas un gros cliché, ça ? » Si.

Et cette grande scène de danse qui paraissait compliquée à régler et à filmer se déroule à merveille. À tel point que Gilles se lève, presque surpris lui-même, se saisit d'un mégaphone et annonce la fin du tournage.

Il remercie tout le monde et plus encore, la terre entière peut-être, les petites mains et les grands esprits, ses producteurs, ses comédiens, la météo, le temps qui a passé, le désir qui est resté, la fatigue et l'enthousiasme (je cite de mémoire sans être sûr de tout).

Embrassades, étreintes, émotion, pleurs, photo de toute l'équipe. Puis ce sera la fête, la victoire au rugby, le réveil difficile.

Il y a tout de même un film à finir.

Des cliques et des coupes

Le 11 septembre, *L'Amour ouf* durait 4 h 26.
Le 15 octobre, 4 h 04.
Le 27 octobre, 3 h 39.
Le 10 novembre, 3 h 20.
Le 18 décembre, 3 h 10.

Simon coupe et recoupe. Parfois à la machette, parfois au scalpel (c'est une image). D'un jour sur l'autre et d'une semaine sur l'autre, il est vissé à son banc de montage. La pièce donne sur une petite cour intérieure d'un immeuble du Marais où il gare son vélo. Il y a d'autres postes de montage à l'étage et du café au rez-de-chaussée. Dans la pièce attenante, Adrien, l'assistant-monteur, reçoit les images, les classe, les trie, les nomme, les range dans des dossiers.

21 septembre.

Gilles a pris quelques jours de vacances. Simon lui envoie une scène dès qu'elle est montée et attend les remarques pour s'y remettre. Pour l'instant, Gilles n'a prévu de venir en salle de montage que fin octobre. Le temps de se reposer et de digérer le tournage afin de repartir plus frais pour une étape aussi importante. « Pendant *Le Grand Bain*, il ne venait pas tout le temps. Cette fois, j'ai l'impression qu'il sera davantage présent. Il a des idées précises sur tout mais je peux le faire bouger. »

En cette fin septembre, Simon est plongé dans la première version du montage du début à la fin. Il a commencé à monter dès le mois de mai mais maintenant, il a entre les mains le film en entier et en morceaux. Il faudra à peu près seize semaines pour parvenir à une version montrable, à défaut d'être finie. C'est évidemment la durée qui impose un temps si long. Alain et Hugo, les producteurs, ne verront cette première version que fin décembre. Et il restera encore beaucoup de travail.

Il va être rapidement question de la musique, celle composée pour le film. Simon la réclame. Monter avec la vraie musique, en tout cas des morceaux quasi aboutis, aide à trouver le rythme de la scène.

5 octobre.

Gilles est là, plus tôt que prévu. Simon avoue monter plus rapidement quand le réalisateur n'est pas là, mais bon, le patron a tout de même son mot à dire. Face à un banc de montage, l'état d'esprit du cinéaste est finalement toujours un peu le même, que Gilles résume parfaitement : « Parfois, les scènes sont fidèles au fantasme, parfois non. »

Et que Simon complète tout aussi parfaitement : « L'écriture du scénario, c'est du fantasme que le montage détruit petit à petit. »

Gilles a demandé à Thomas Bangalter, l'un des deux membres de Daft Punk, de faire des essais de composition pour la musique. Seule indication : « J'en veux beaucoup, et de la symphonique. » Résultat attendu bientôt.

En ce moment, le duo travaille sur la scène du braquage.

Gilles : « Il faut rythmer davantage tout ce qui se déroule avant. Ça, on peut s'en passer, ça, c'est une redite. On peut aller directement à la sirène. Quant à l'explosion de la porte du fourgon, trois axes suffisent. Il y en a deux de trop. » Simon clique et reclique.

29 novembre.

Simon est seul à sa table. Il reconstruit la première partie. Change l'ordre des séquences. Que raconte le film ? Clotaire, Jackie, les deux ? Si le récit reste trop longtemps sur Clotaire, Jackie se fait oublier alors qu'il faut faire exister chacun. Clotaire est dans l'action, Jackie, plus en retrait. Il y a un déséquilibre. Il faut trouver comment dynamiser ce déséquilibre.

« Au début du film, explique Simon, le réalisateur a du crédit. Le spectateur est bienveillant, il est là parce qu'il en a envie. Mais si au bout de dix minutes, le spectateur ne comprend pas les enjeux, c'en est fini du crédit. Au fur et à mesure que le film avance, il faut réussir à pousser le spectateur dans la direction que prend le film ; il n'y a plus le choix. Il faut accélérer, manier davantage l'ellipse. Parfois, c'est radical. Dans *No Country for Old Men*, les frères Coen ne montrent pas la mort de Josh Brolin. C'est frustrant. Comme est frustrante celle de Janet Leigh dans *Psychose*, ou du flic au début de *Police fédérale Los Angeles*. Mais tout le monde se souvient du film et de ces scènes. On n'en est pas là mais c'est le genre de choses qu'il faut avoir à l'esprit. »

La seconde partie convient pour l'instant à Gilles et Simon. L'alternance entre Jackie et Clotaire fonctionne : la sortie de prison, la rencontre entre Clotaire et Papa Jackie, la vengeance, la cassette, l'éclipse, le moment où Jackie va chercher Clotaire. C'est bien. C'est mieux. Jackie disparaissait trop longtemps, Simon a rectifié le tir. Comment ? En supprimant les scènes de l'intrigue policière comme celles de Jean-Pascal Zadi au commissariat. Elles n'étaient pas racontées du point de vue de Clotaire. « Les petits problèmes de scénario sont multipliés par vingt au montage. En l'occurrence tout ce temps passé sans Clotaire ni Jackie. »

Mais dès qu'une séquence est déplacée, toutes les autres sont remises en question. Alors Simon monte sans le son, ni dialogue ni ambiance, pour sentir le rythme nouveau du récit.

Petit cours de montage à l'attention d'un béotien : « Souviens-toi du plan de danse entre Jackie et Jeffrey dans leur maison, que Gilles a improvisé au début du tournage. Si tu montes ce plan en fondu-enchaîné avec un gros plan du visage de Clotaire, c'est une scène mentale que Clotaire imagine peut-être. Si tu les montes l'un après l'autre, sans effet, la danse devient une image réelle.

On a monté un plan de François où on voit son visage dans le rétro. Si le plan reste fixe, c'est un gars qui ne réfléchit pas. Si on garde le plan avec un zoom avant ; là, il réfléchit.

Certains cinéastes utilisent des petits trucs pour faciliter le montage. Woody Allen filme régulièrement des personnages de dos pour ajouter un dialogue sans qu'on s'en aperçoive. Coppola explique dans son commentaire audio du DVD du *Parrain* qu'il a utilisé des plans vides des couloirs de l'hôpital avant que les comédiens n'apparaissent dans le champ pour signifier un lieu devenu angoissant. Ces plans-là étaient censés partir à la poubelle mais Coppola s'est rendu compte qu'ils pouvaient servir pour imaginer une scène qui n'était pas prévue. »

20 décembre.

Deux jours plus tôt, Alain et Hugo, les producteurs, ont vu une version de 3 h 10.

Alain : « On a l'habitude de regarder un film avec un casque de chantier. Il y a plein d'imperfections mais j'ai été bouleversé. C'est au-delà de ce que j'avais imaginé. Commence une phase délicate : ça nous plaît mais tout reste à faire. Il faut réussir à tordre le bras de Gilles. » C'est (encore) une image.

Gilles compte montrer aux équipes la version 3. Quant aux financiers, ce sera le plus tard possible. Il faut être sûr d'avoir une version très acceptable. Il faut aussi qu'il puisse répondre aux remarques.

Au mur, derrière Simon, sont épinglées les photos des séquences. Régulièrement, il faut changer, intercaler, enlever, remettre. Ça s'en va et ça revient. Je comprends que le principe est très bénéfique lorsque le film est très long. Pourtant, Simon m'explique que, dans *10e chambre – Instants d'audience* ou *Profils paysans : La vie moderne* de Raymond Depardon, il y a peu de séquences, moins d'une centaine, mais qu'elles ont aussi régulièrement bougé. « Pour Raymond, chaque plan a un début, un milieu et une fin. Ils sont tous liés les uns aux autres. »

Après les remarques d'Alain et de Hugo, il faut notamment négocier l'entrée dans l'intrigue polar. Où, quand, comment, combien de temps ? Ne pas oublier que le film est une histoire d'amour. C'est l'enjeu de la seconde partie. Sujet du moment : rendre Jeffrey plus sympathique. Jackie ne l'aime plus, ne l'aime pas, mais il n'y peut rien. Simon doit trouver les plans qui correspondent à ce que Gilles veut donner comme intention à ce personnage, notamment dans la scène du restaurant de l'anniversaire de Jackie et dans celle du petit déjeuner entre eux.

Détails encore, il s'agit maintenant de Clotaire.

« Dans le plan où il va à la fenêtre, on ne voit pas l'intention, constate Gilles. On a quoi comme plan où il s'emmerde ?

— Il y a la scène où il est seul sur les gradins.

— C'est pas mal mais ça montre surtout qu'il est seul. La scène est plutôt joyeuse. Mais ça se tente. »

La difficulté du montage, un de ses principes en fait, c'est de réinventer et de reconstruire un récit avec des plans qui existent déjà et qu'on ne peut plus inventer.

Gilles et Simon me montrent le *promo reel* de six minutes, fabriqué par une boîte anglaise à partir de la version du moment, donc non finie et non sous-titrée. Le *promo reel* est une sorte de très longue bande-annonce que va utiliser le vendeur international pour proposer le film aux distributeurs étrangers. Et les inciter à l'acheter. *L'Amour ouf* est déjà repéré et tout le monde imagine qu'il sera sélectionné au festival de Cannes, hors compétition, comme l'était *Le Grand Bain*, ou peut-être en compétition.

« Les Anglais ont compris le film, explique Gilles, le *promo reel* raconte bien une histoire d'amour. » Il sera projeté lors des Journées d'Unifrance, une manifestation qui, au mois de janvier, accueille de nombreux distributeurs européens.

Et la musique, où en sont-ils ? Finalement, Thomas Bangalter, des Daft Punk, a lâché l'affaire. « Il a composé une magnifique musique électro, comme il sait en faire, mais ça n'allait pas. C'était trop froid. Pour ce film, j'imagine des violons, de l'ampleur et du romanesque. » Gilles a donc demandé à Jon Brion, déjà à la baguette du *Grand Bain*, de composer la musique de *L'Amour ouf.* Il a dit oui.

25 janvier.

Simon peaufine. L'ascension de Clotaire après sa sortie de prison et la mise en place de la vengeance est passée de dix minutes à quarante secondes. Les scènes se succèdent en fondu-enchaîné. Pour la séquence de l'hôpital, Simon a supprimé l'intro ; on va directement à la scène entre Jackie et Clotaire, celle des 457 mots.

Bientôt, Gilles partira à Los Angeles travailler avec Jon Brion.

Sélection officielle

Les semaines ont passé et *L'Amour ouf* a sans doute trouvé sa forme, sa durée, son rythme. Gilles est parti à Los Angeles, il est revenu, des notes plein les poches. J'ai passé deux mois sans nouvelles, sans images. Je n'en cherchai pas forcément. Le film suivait son chemin, Gilles, le sien, et le monde lui-même continuait à tourner. Le mois de février ouvre ses portes, moment où les sélections pour le festival de Cannes commencent réellement – disons très intensément.

Je fais partie du comité français depuis 2008, fonction qui consiste à regarder les films proposés par les producteurs et les distributeurs, et à en débattre avec mes camarades sous l'œil aiguisé et attentif de Thierry Frémaux, le délégué général du festival, qui profite des débats pour élaborer la sélection officielle. Je sais, et toute la profession également, que *L'Amour ouf* va sonner à la porte et se présenter, comme tant d'autres. Ce sera, à l'occasion de la projection en comité, la première fois que je le verrai en entier. Je me mettrai en retrait de la discussion, pour ne pas créer de conflit d'intérêts, ne pas être juge et partie. La projection se déroulera sans doute quelques jours avant la conférence de presse du festival, fixée au 11 avril, durant laquelle Thierry annonce (presque) toute la sélection. Il y a cinq ans, quand j'ai proposé à Gilles de le suivre, personne n'aurait pu dire ce qu'il allait advenir de ce film.

Début avril, Gilles m'appelle. Ce week-end ont lieu des séances d'enregistrement de la musique à La Scène musicale sur l'île Seguin à Boulogne-Billancourt, aux portes de Paris. Il est 11 h 30 dans le grand auditorium où ont pris place soixante-seize musiciens venus de l'orchestre de Radio France et de l'orchestre de Paris. Des femmes, des hommes, des jeunes, des moins jeunes, des cordes, des cuivres, des vents, des percussions, des bois. La totale. Gilles et Simon sont là. Jon Brion, le compositeur, également, chapeau gris et barbe de trois jours.

L'homme a le CV symphonique et fantastique : il a notamment composé pour l'immense Paul Thomas Anderson *(Magnolia)*, le délicieux Michel Gondry *(Eternal Sunshine of the Spotless Mind)* et le grinçant Judd Apatow *(40 ans : mode d'emploi).* À ses côtés ici, Steve Bartek, orchestrateur des musiques de Danny Elfman, le compositeur attitré de Tim Burton. Du costaud.

Vu des fauteuils de la salle, le dispositif est le suivant : l'orchestre est dirigé par un chef, de dos, face à ses musiciens, devant deux grands écrans où sont diffusées les scènes correspondantes aux morceaux à enregistrer. En l'occurrence aujourd'hui : le premier baiser entre Clotaire et Jackie, le couple sur l'avant du train, main dans la main, l'éclipse, le générique de début. Il y a des micros partout et des kilomètres de câbles par terre.

Jusque-là, je comprends à peu près ce qui se passe. Un peu moins quand j'apprends que le chef a reçu les partitions il y a deux jours et que les musiciens les découvrent aujourd'hui. C'est court pour déchiffrer le biniou. Je sais bien que c'est leur boulot mais tout de même. Cela dit, je n'y connais rien. Dans les couloirs circulaires qui entourent l'auditorium, j'aperçois des petites mains qui classent, trient et plient des partitions sur lesquelles sont indiqués, selon le cas : timbale, cor, percussion... Je comprends que chaque instrument à sa partition. Ce qui me paraît logique mais pas forcément plus simple.

Comme souvent quand une carpe débarque dans le terrier d'un lapin (c'est une image), tout ce qui est dit semble au mieux incongru, au pire incompréhensible. Chaque métier a un vocabulaire propre, une façon très elliptique de s'exprimer. Et comprenne qui pourra.

« On fait de 28 à 34. »

« Les altos sont plus forts que les violons. On a le même circuit ? »

« Les cors et les flûtes et tout le monde. »

À un moment donné, Steve Bartek s'est absenté et a rejoint Jon Brion pour quelques modifications. J'ai cru comprendre qu'il s'agissait surtout d'un mi bémol que les cors devaient intégrer à un instant précis. Merci pour eux.

Même pour une carpe, c'est assez excitant d'entendre la musique originale venir nourrir les scènes dont on a vu la naissance à l'écriture du scénario puis l'épanouissement au tournage avant qu'elles atteignent l'âge adulte au montage. Le générique notamment, qui ouvre le film, est un plan au drone qui survole ArcelorMittal pour arriver sur une boule de feu sortie d'une cheminée des hauts-fourneaux ; s'y inscrivent les noms des comédiens dans une police de caractères façon cinéma des années 70.

Jon a composé un mélange de musique contemporaine et de musique mélodique. Très hitchcockien. Référence explicite à Bernard Herrmann, le compositeur fétiche d'Alfred Hitchcock à qui l'on doit les partitions de *Sueurs froides, La Mort aux trousses* et *Psychose.* Gilles, casque sur les oreilles, est comme un gosse. « C'est trop bon. » Pour la scène de l'accident de la voiture de Tony, Gilles a demandé à Jon un thème proche de celui des *Nerfs à vif* de Martin Scorsese. Musique de Bernard Herrmann réorchestrée par Elmer Bernstein. Ça reste entre champions. Quelques étages plus bas, dans la *control room*, des techniciens enregistrent effectivement la musique et ont l'œil rivé sur l'image de l'auditorium retransmise *via* un écran. Il faudra plusieurs séances de ce type pour enregistrer les deux heures de musique.

Quelques jours plus tard, le 25, c'est l'heure du mixage à l'auditorium Silverway près de la place de Clichy à Paris. Une vaste salle avec une trentaine de fauteuils et un écran immense, presque disproportionné par rapport au lieu. Vu la taille des images, c'est sûrement nécessaire pour un travail qui demande une immersion totale des yeux et des oreilles. Au fond de la salle, face à l'écran, une table de mixage avec 548 boutons et 229 curseurs (environ), des ordinateurs et des souris. Il s'agit de mettre tous les sons – dialogues, ambiance, musique… – à hauteur, selon les désirs du réalisateur : baisser, augmenter, supprimer, mêler. Gilles et Simon sont là, accompagnés d'Emmanuel, le superviseur musical.

Première scène : la baston montée en fondus-enchaînés, qui a été réduite à 40 secondes au montage. Il faut mixer *Made You Look* de Nasir Jones et les violons de Jon Brion. Le technicien fait ce qu'il faut jusqu'au moment où Gilles l'arrête : « On laisse ça comme ça et on verra comment ça se digère. »

Suivent d'autres scènes qui se travailleront avec minutie – c'est à la note et au décibel près. Ça clique ici aussi mais l'important n'est pas là…

Le 11 avril a eu lieu la conférence de presse du festival de Cannes au cours de laquelle Thierry Frémaux a annoncé la sélection en compétition de *L'Amour ouf.* Gilles est aussi heureux que flippé. Hasard de l'année, du calendrier, et de l'alignement des planètes de la création : *Megalopolis* de Francis Ford Coppola est également en compétition. Dans ses rêves les plus fous, voire les plus absurdes, jamais Gilles n'aurait imaginé se retrouver dans la même liste que le réalisateur qui lui a donné envie de faire du cinéma.

En 2018, *Le Grand Bain* était sélectionné hors compétition, section où la pression est beaucoup moins importante. D'ailleurs, tout s'est passé à merveille : accueil public chaleureux, critiques positives, révélation d'un cinéaste. Un strike qui n'était pas forcément prévisible. Se retrouver en compétition, c'est un autre business. Cette fois, la pression est là, et si les films sont jugés pour ce qu'ils sont, ils sont surtout comparés les uns aux autres et parfois étiquetés par la critique comme n'ayant rien à faire ici quand d'autres auraient mérité d'y être. Ça tire à vue. Séance de ball-trap, de chasse aux canards ou de lance-flammes. Parfois les trois. Le festival de Cannes ne compte plus les exemples de cinéastes qui se sont fait clouer au pilori, qu'ils soient labélisés auteurs ou populaires : Marco Ferreri, Luc Besson, Sean Penn, Michel Hazanavicius…

Gilles sait tout cela, même si personne ne peut vraiment le mesurer avant de le vivre. Ce n'est pas le déni d'une catastrophe potentielle mais l'impossibilité d'anticiper un événement à ce point extraordinaire. Je ne connais pas un seul cinéaste qui ne rêve pas de se confronter au tapis rouge et à la course au palmarès. Celui de Cannes ou d'un autre grand festival, d'ailleurs. Mais pour un réalisateur français, Cannes revêt une importance évidemment particulière.

Pour Gilles, cette mise en lumière fait partie du jeu autant que du métier. Qu'un film soit sélectionné ou qu'il sorte en salles, la compétition est de toute manière permanente. Il faut se battre pour exister, pour se faire une place, et le désir de ce film remonte à si loin que Gilles a envie de le partager et de vivre physiquement l'aboutissement de ces années de travail, de déception et d'enthousiasme. Difficile de ne pas comprendre ce mouvement qui le porte.

J'ai donc vu le film dans le cadre de la sélection pour le festival. Je l'aime beaucoup mais je ne suis pas vraiment objectif vu les liens qui se sont tissés entre lui et moi au fil de ces semaines, de ces mois, de ces années. Cela dit, on n'est jamais objectif quand on juge un film. Depuis toujours, au moins depuis sa naissance, le cinéma se débat entre son ambition artistique et son destin populaire. Contrairement à d'autres arts – danse, peinture, sculpture… –, le cinéma, par son mode de diffusion et de reproduction, touche rapidement le plus grand nombre.

De fait, à part les écrits très théoriques des intellectuels dans les années 1910-1930, qui se plaisaient à élaborer un vocabulaire spécifique pour un art nouveau, le critique du cinéma a toujours eu du mal à trouver son chemin – et de plus en plus. Je m'amuse de penser qu'il jalouse le critique de danse, de peinture ou de sculpture qui, lui, ou elle, continue d'entretenir un discours versant naturellement dans le conceptualisme, voire l'absconds.

Le critique de cinéma, parce qu'il traite d'un art très populaire, se doit d'adopter une rhétorique vite compréhensible. Il s'en agace alors et construit des petites chapelles où il peut se réfugier entre amis. Je le sais, j'ai été critique de cinéma pendant des siècles, à *Première* et à *L'Express*. Même si j'ai essayé de ne jamais franchir la porte de ces chapelles, j'ai sûrement dû y frapper quelquefois. Je m'en excuse. Au « j'aime/j'aime pas » nourri d'arguments d'analyse parfois pertinents, il faut le reconnaître, je préfère l'humeur personnelle assumée. Le critique crie tout le temps « je » sans jamais l'écrire. C'est agaçant.

Concernant *L'Amour ouf*, si je peux faire un pas de côté pour ne pas tomber dans le bien/pas bien, je me contenterai d'applaudir un cinéaste qui assume tous ses choix, tous ses excès, tous ses partis pris. Gilles est arrivé au bout de ce qu'il a rêvé intensément. Il faut d'abord l'admettre. On peut alors passer à l'étape suivante : aimer le film ou ne pas l'aimer devient aussi accessoire pour les autres qu'important pour soi.

Pendant tout le tournage, le plateau a été fermé à la presse à deux exceptions près : le mensuel *Première* (presse écrite) et le magazine *Beau geste* (télé). C'est une stratégie de communication décidée par la production et l'attaché de presse Dominique Segall, dans le métier depuis des dizaines d'années : « Si on peut contrôler un peu les choses en amont, avant que le film soit présenté, après, on ne contrôle plus rien. À Cannes, je m'attends à tout. »

La projection officielle du film à Cannes, avec montée des marches et tapis rouge, est prévue le jeudi 23 mai à 18 heures. Il y a aura une projection le matin pour les journalistes qui traitent du festival au jour le jour : presse quotidienne, radio, télé… La projection de presse plus fournie se déroule l'après-midi.

Jamais fini

Jeudi 23 en début après-midi ont eu lieu les premiers entretiens des journalistes avec Gilles, Adèle, François, Malik et Mallory. En solo ou en duo. Ça circule sur cette terrasse d'un grand hôtel cannois qui donne sur la Croisette. Il faut remplir les journaux du soir et les matinales. Gilles a le sourire mais il s'inquiète des réactions de la projection de presse. Las, un bug informatique dans les tuyaux du Palais des festivals empêche de savoir quels étaient les journalistes présents. Tant pis.

La montée des marches pour la projection officielle du festival de Cannes est toujours un moment étonnant. C'est une sorte de grand bazar très chic avec smoking et robes de soirée, parfois un bordel sans nom où les stars du jour arpentent le tapis rouge et sourient à leur nom quand les photographes les interpellent, se tournent d'un côté, se retournent de l'autre pour faire plaisir à tout le monde, s'embrassent les uns les autres, dansent parfois, avancent, reculent, regardent autour d'elles, font un signe de la main au public, un petit mouvement de jambes pour une dernière photo, un sourire pour finir, montent alors les marches, se retournent arrivées en haut et se mettent en rang d'oignon tant bien que mal, plutôt lui ici et elle là, tandis qu'un retardataire se dépêche de rejoindre le groupe, merci, merci. Et à chaque fois, vraiment à chaque fois, quel que soit le film ou la météo, alors que tout a menacé de partir mille fois en vrille, l'équipe rejoint la salle à l'heure prévue, à la minute près et à la seconde exacte. Un exemple pour tous.

À la fin de la projection de *L'Amour ouf*, l'ovation et les applaudissements ont duré dix minutes. Un excellent temps dans la haute moyenne de ce qui est devenu aujourd'hui une tradition – et un baromètre pour mesurer l'accueil cannois mais qui dit peu sur celui réservé au film en salles. Tout le monde était là, souriant et heureux. Les regards étaient brillants d'une émotion à peine contenue, et Gilles, retenant ses larmes, a pris le micro : « Merci. Peut-être avez-vous compris la déclaration d'amour qu'on vous a faite et que vous nous rendez. »

Le lendemain, c'est la douche froide. Autant les journalistes de la veille étaient positifs, autant les articles parus ce matin sont plutôt maussades. Gilles a la tête des jours moyens. Ses comédiens et lui font bonne figure devant la presse internationale.

À Cannes, le critique vit un moment privilégié. C'est la seule période de l'année où il est lu. D'accord, j'exagère un peu. Mais un peu seulement. L'écho que l'on donne à son avis sur un temps si court, douze jours de l'ouverture à la clôture, fait que l'ensemble des critiques s'amusent à se jauger les uns et les autres, à se juger et à se comparer. Le film, bien souvent, n'est pour eux qu'un prétexte, une cible pour envoyer les flèches plus près du cœur que celles des voisins. Gilles, jeune cinéaste, acteur célébré et populaire à la tête d'un film au budget important, était, justement, la cible idéale. Avant même que le film ne soit projeté. Olivier Lamm, journaliste à *Libération*, quotidien peu suspect de cirer systématiquement les pompes de Gilles, a, lui, trouvé les mots justes dont on pourrait faire du papier-cadeau : « *L'Amour ouf* est un film qui fait beaucoup pour se faire aimer, et Lellouche, l'amoureux du cinéma, n'est jamais ridicule dans ce qu'il entreprend d'y recréer, voire d'y inventer. »

Le soir, une projection à Nice organisée par le distributeur StudioCanal remplira trois salles devant un public enthousiaste. Ainsi va le festival de Cannes, le grand-huit des émotions.

Thierry Lacaze, le patron de la distribution, reste résolument optimiste et enthousiaste. Sur les réseaux sociaux, qui drainent le public jeune essentiellement visé, tout ce qui touche au film a été suivi et plébiscité : « Plus de 40 millions de vues. » Un record. À Cannes, *L'Amour ouf* a déjà été vendu dans 70 % des territoires envisagés. Manque pour l'instant les États-Unis. Ce serait tout de même ballot que Coppola rate le film.

Je retrouve Gilles à Paris au début du mois de juin. La douche écossaise est loin. En août, il tournera *Chien 51*, de Cédric Jimenez. En tant qu'acteur, cette fois. Il attend avec impatience la sortie de *L'Amour ouf* et pense déjà à son prochain projet comme réalisateur.

S'il faut régulièrement retourner à Molière – mais aussi à Renoir, Hitchcock, Campion, Resnais, Hawks, PT Anderson, Mizoguchi, Loach, Eastwood, Leone, Sautet, Tsui, Wellman, Friedkin, Romero, Olmi, Tarkovski, Grangier, Audiard, Murnau, Fellini, et quelques autres –, il ne serait pas idiot de faire un tour chez Jean de La Fontaine, l'homme des crapauds, des tortues et des cigales. Jean est aussi l'auteur des *Amours de Psyché et de Cupidon*, dont Gilles cite un extrait à l'ultime seconde de son film. Il tiendra donc lieu de conclusion. Mais il pourrait aussi figurer en exergue de son propre journal.

« Tout l'univers appartient à l'amour. Aimez, aimez, le reste n'est rien. »

FIN

Générique

L'Amour ouf, un film de Gilles Lellouche

Produit par Alain Attal et Hugo Sélignac
Écrit par Audrey Diwan, Ahmed Hamidi, Gilles Lellouche avec la collaboration de Julien Lambroschini, d'après le roman de Neville Thompson.

Avec
François Civil : Clotaire, 28 ans
Adèle Exarchopoulos : Jackie, 26 ans
Malik Frikah : Clotaire, 17 ans
Mallory Wanecque : Jackie, 15 ans
Vincent Lacoste : Jeffrey
Benoît Poelvoorde : La Brosse
Alain Chabat : Papa Jackie
Jean-Pascal Zadi : Lionel, 28 ans
Élodie Bouchez : Maman de Clotaire

Raphaël Quenard : Kiki, 20 ans, frère de Clotaire.
J-C Allain : 1er assistant opérateur
Julie Darfeuil : scripte
Cédric Deloche : chef opérateur du son
Simon Jacquet : monteur
Benjamin Journet : régisseur général
Thierry Lacaze : directeur de la distribution France à StudioCanal
Jean-Philippe Moreaux : chef décorateur
Manu Mougin : accessoiriste
Audrey Pazzé : coordinatrice de production
Vincent Piant : directeur de production
Dominique Segall : attaché de presse
Laurent Tangy : directeur de la photographie
Fabien Vergez : 1er assistant réalisateur

Remerciements

À Gilles Lellouche pour ses bras ouverts, à Alain Attal et Hugo Sélignac pour leur accord et plus encore. À Julie Darfeuil, Fabien Vergez, Benjamin Journet, Cédric Deloche, J-C Allain, Jean-Philippe Moreaux, Manu Mougin, Simon Jacquet, dont j'ai suivi les pas. À Adèle Exarchopoulos, Mallory Wanecque, François Civil, Malik Frikah, Raphaël Quenard, Benoît Poelvoorde, Audrey Diwan, Ahmed Hamiidi, dont j'ai écouté les mots. À Vincent Piant, Audrey Pazzé, Laurent Tangy, Dominique Segall, Thierry Lacaze pour leur aide précieuse. À toute l'équipe du film, à Paris, Lille, Dunkerque et Marseille, toujours accueillante, parfois intriguée, toujours amicale. J'espère qu'on se recroisera.

À Véronique Cardi, la patronne, pour sa confiance et son enthousiasme, à Clara Dupont-Monod, éditrice tellement tout et tellement ouf, à Oksanna Le Rallec, liseuse hors-pair, à Charlotte Rousseau, à Vincent Eudeline et à l'équipe Lattès à tous les étages.

Table des matières